Näher können sich Natur und Wort nicht kommen

John Lewis-Stempel kennt den Cockshutt Wood von den Wurzeln der Buchen bis zu den Kronen der Eichen und auch sämtliche Tiere, die dort leben: die Füchsin, die Fasane, die Wildmäuse und Käuze.
Für viele der Tier- und Pflanzenarten sind Wälder wie der Cockshutt Wood die letzte Zuflucht. Und auch der Autor findet hier seine Heimat. ›Im Wald‹ zu lesen bedeutet, ein Jahr inmitten seiner Bewohner und umringt von seinen Bäumen zu verbringen. Sei es Herbst, Frühling, Sommer oder Winter: Cockshutt Wood ist ein Stück Wald, das man nicht mehr verlassen möchte.

»Am Fluss gemächlich dieses Buch lesen, zwischendurch die Augen schweifen lassen – dann ist man schon recht nahe am Paradies.«
NEUE ZÜRCHER ZEITUNG

»Sein Ton als Erzähler umfasst das Poetische ebenso wie das Zupackende, und zum Weihevollen kommt der Humor hinzu.«
FRANKFURTER ALLGEMEINE ZEITUNG

John Lewis-Stempel ist Farmer und Autor zahlreicher hochgelobter Bücher. Er ist zweifacher Preisträger des renommierten Wainwright Prize for Nature Writing. Bei DuMont sind bisher ›Ein Stück Land‹ (2017) und ›Mein Jahr als Jäger und Sammler‹ (2019) erschienen. Mit seiner Frau und seinen zwei Kindern lebt er in England und Frankreich.

John

Lewis-Stempel

IM WALD

MEIN JAHR
IM COCKSHUTT WOOD

Aus dem Englischen von
Sofia Blind

DUMONT

Von John Lewis-Stempel sind bei DuMont außerdem erschienen:

Ein Stück Land. Mein Leben mit Pflanzen und Tieren
Mein Jahr als Jäger und Sammler. Was es wirklich heißt, von der
Natur zu leben

November 2021
DuMont Buchverlag, Köln
Alle Rechte vorbehalten
Copyright © John Lewis-Stempel 2018
Die englische Originalausgabe erschien 2018 unter dem Titel ›The Wood:
The Life & Times of Cockshutt Wood‹ bei Doubleday, einem Imprint von
Transworld Publishers, London.
© 2020 für die deutsche Ausgabe: DuMont Buchverlag, Köln
Übersetzung: Sofia Blind
Lektorat: Kerstin Thorwarth
Umschlaggestaltung nach der englischen Originalausgabe von
Beci Kelly/TW: Birgit Haermeyer
Umschlagillustration: © Nick Hayes (Folio Art)
Illustrationen Innenteil: © Nick Hayes (Folio Art)
Satz: Fagott, Ffm
Gesetzt aus der Minion
Druck und Verarbeitung: CPI books GmbH, Leck
Gedruckt auf säurefreiem und chlorfrei gebleichtem Papier
Printed in Germany
ISBN 978-3-8321-6615-1

www.dumont-buchverlag.de

Du weißt, ich bin kein Reisender. Ich habe immer den Wunsch, mich niederzulassen wie ein Baum, für immer.

Edward Thomas

Inhalt

VORWORT

Dies ist die Geschichte eines Waldes – seines natürlichen, alltäglichen Lebens und seiner Vergangenheit.

Es ist ein bestimmter Wald, aber einer, der beispielhaft für die kleinen Wälder Englands stehen kann. Für immer.

Der Cockshutt Wood im Südwesten von Herefordshire, das sind anderthalb Hektar Mischwald (Laub- und Nadelbäume) mit einem versteckten Teich, in dem der Wintermond lebt.

Vier Jahre lang habe ich diesen Wald bewirtschaftet, deshalb kannte ich ihn vom Ende seiner Buchenwurzeln bis in die Wipfel seiner Eichen. Ich kannte die Tiere, die dort lebten – den Fuchs, die Fasane, die Waldmäuse, den Waldkauz –, und wusste, wo die schönsten Hasenglöckchen wuchsen. (Eine ausgesprochen britische Eigenheit, blühende Hasenglöckchen im Wald.)

Ich weiß, warum Waldstücke wie Cockshutt etwas Besonderes sind: Für Fauna und Flora bilden sie oft die letzte Zuflucht. Sie sind Festungen der Natur gegen das Anbranden der Menschen und der Agrarindustrie.

Auch für mich war Cockshutt ein Zufluchtsort, ein Ort unaufhörlichen Staunens über die Jahreszeiten, an dem ich mich in die Stille zurückzog. Niemand kommt einen im Wald suchen. Man ist sicher vor neugierigen Blicken, einfach eine weitere dunkle, aufrechte Gestalt zwischen lauter anderen: ein menschlicher Baumstamm.

Im Herzen von Cockshutt gab es oft nur den Klang der Natur – das lederne Knarren einer alten Eiche im Frühlingswind, das Trommeln des Spechts, die schlabbernde Zunge des Dachses am Teichufer im Morgengrauen.

Ehrlich gesagt ist das gelogen. Manchmal kam das Bellen eines Hausschweins und das bronchitische Raspeln einer Säge dazu. Ich bewirtschaftete Cockshutt auf die beste Art von allen: auf die alte Art, indem ich primitive Nutztiere darin herumstreifen ließ und die Bäume »auf den Stock setzte«, sie also über dem Boden absägte, damit die Stümpfe neu austreiben konnten.

Jedes Buch braucht seine Berechtigung – und ein Buch über einen Wald vielleicht am meisten. Wie viele Bäume mussten für seine Seiten gefällt werden? Die Entschuldigung – nein, die *Begründung* –, die ich vorzubringen habe, ist folgende: Ein Wald sollte kein Museum sein. Die Vorstellung, ein Waldgebiet wäre etwas Statisches und Majestätisches, definiert durch die Anordnung ausgewachsener Bäume, ist modern – und falsch.

In Cockshutt wurde eine halb vergessene Erinnerung wieder lebendig. Kühe und Schweine wuchsen dort heran, genau wie in mittelalterlichen Zeiten, und der Wald lieferte uns alles, von Feuerholz bis zu Pilzen zum Frühstück. Cockshutt war ein Wirtschaftswald.

Ein Wirtschaftswald ist etwas anderes als ein Urwald. Er ist wild, aber nicht so wild, dass er furchteinflößend wäre. Man kann sich dort nicht physisch verirren, nur im Geist und in der Fantasie darin versinken.

Ich kannte die Bäume von Cockshutt. Jeden einzelnen. Ein Wirtschaftswald ist etwas Persönliches; der Urwald bleibt immer unnahbar. Es gibt zu viel davon. Auf diese Weise entdeckte ich das Geheimnis im Herzen von Cockshutt, den kleinen Bestand von Elsbeerbäumen, Überbleibsel jenes Urwaldes, der hier zu Anbeginn wuchs.

Dies ist das Tagebuch meines letzten Jahres in Cockshutt. In jenem Jahr fuhr ich nicht in Urlaub; ich verpasste keinen einzigen Tag des Zusammenseins mit meinem Wald.

DEZEMBER

Ein Spaziergang im Wald

*Ein Spaziergang ans hintere Ende von Cockshutt – mein wald-
loses Leben – Waldschnepfen – die Füchsin bellt – Judasohren
– in den winterlichen Ruinen der Eichen – »Agroforstwirtschaft« –
Old Brown, der Waldkauz – Was steckt im Namen eines Waldes? –
Stechpalme – Rinderhaltung im Wald – »Cold Song« – Weihnachtsscheit – »Für die Briten war die Eiche so etwas wie der Büffel für
die Sioux«*

1. DEZEMBER: In den Wald.

Über den Zaunübertritt, auf den Weg, der an der ganzen Westseite von Cockshutt entlangläuft. An der Esskastanie vorbei; ein
vergnügter Gruß mit den Fingerspitzen an die Riesenbuche mit
ihrer Rinde aus kaltem Schiefer. Zu meiner Linken liegt die Wald-
lichtung, die wir geschaffen haben, indem wir Brombeeren und
Bergahorn weghackten, zu meiner Rechten die enge Schlucht, in
der im März die Sumpfdotterblumen gelb blühen und im November alle Nebel dieser Welt produziert werden. Ein riesiger Ahorn-
baum ist übrig geblieben; er nagelt den flatterigen Waldrand fest.

Es ist ungefähr drei Uhr nachmittags, und die Saatkrähen fliegen heim nach St. Weonards; nicht der übliche zerfranste Flug,
sondern ein stilles, entschlossenes Rudern. Schnurgerade, wie Ra-
benkrähen.

Ich passiere eine schlummernde Esche mit einem Kaninchenbau darunter, am Eingang liegen harte Köttel. Unten in der Schlucht,
die parallel zum Weg verläuft, hängt der violette Schimmer von
Erlenkätzchen.

An der Rückseite der Schlucht steht eine Gruppe ausgewachsener Eschen, eine davon in Efeu verpackt; als Wohnort von Baumläufer, Waldkauz und – im Dachgeschoss – Ringeltaube ist sie ein
Vogelhochhaus. Jenseits der Esche sind die Überreste des grasbe-
wachsenen alten Reitpfads zu erkennen, dahinter die steinernen
Scheunen, die sich einst in den Wald hineinfraßen, inzwischen
aber selbst tot sind. Hinter den Ruinen noch mehr Eschen.

Schneller jetzt, um der früh einbrechenden Dunkelheit zuvor-
zukommen. Wie dürr, wie düster der Eichhörnchenkobel in der
Wildkirsche aussieht.

Die Umrisse der kahlen Bäume vor dem leeren Winterhimmel:
eine Art Schriftzeichen. Oder ein sich schließendes Netz.

Der Wald erklimmt langsam eine Böschung. Unten in der
Schlucht liegen die Wracks gefallener Stämme und Äste. Dazwi-
schen stehen Erlen mit ihren entblößten Rattenschwanz-Wurzeln.

Jetzt bin ich im Herzen des Waldes, der länger als breit ist, angekommen – am Teich mit seinem Kranz aus Schilf. Es ist grau,
verkrüppelt; der ganze Tag ist grau. Ein V wandert durchs matte
Wasser: die Bugwelle des Teichhuhns, das wendet und sein weißes
Rücklicht warnend aufblitzen lässt.

Ich liebe Teichhühner. Jeder Teich sollte ein Teichhuhn haben,
das müsste gesetzlich vorgeschrieben sein. In der Mitte der Wasserfläche, die sich über ungefähr tausend Quadratmeter erstreckt, liegt
eine Insel mit fünf Erlen, wie aus einem Abenteuerroman für Kinder. In diesem späten, flachen Licht ist sie ein Schiff auf hoher See.

Sandbirken säumen das Westufer des Teiches; am hinteren
Ende wachsen Haselsträucher, Erlen und Salweiden.

Weiter, weiter. Mein persönliches Gesetz der Schwerkraft lautet: Je schneller man geht, desto leichter die Last. (Wenn Isaac Newton weniger Zeit damit verbracht hätte, unter Apfelbäumen herumzulungern, hätte er das vielleicht auch entdeckt.) Auf meiner Schulter ruht ein Ballen Heu.

Durch den Fichtenhain; eine grimmige Parade disziplinierter nordischer Wachsoldaten, gefangen in ihrem eigenen, ewig säuerlichen Zwielicht. (Nordische Fichten, auf unserer Insel fremd, wurden aufgrund irgendeines unausgegorenen Subventionsplans in den 1970ern angepflanzt und erstickten sämtliche Blumen unter sich.)

Die ersterbende Wintersonne, weiß und atomar, tastet sich durch die Lärchen, an denen ich vorübergehe.

Kein Vogelgesang ist zu hören – außer dem eines überdrehten Rotkehlchens in einer jungen Buche, die mit verkrumpeltem kupferrotem Laub behängt ist. Diese eine Buche ist der einzige Baum im ganzen Wald, der noch sein Blätterkleid trägt.

Der Dezember, wenn die Bäume in ihrer nackten Wahrheit herumstehen, ist die richtige Zeit, um einen Wald zu besichtigen und zu bewerten.

Das Rotkehlchen gibt seine Melodie auf und beginnt dann von Neuem, als hätte mein Vorbeigehen es an seine Absicht erinnert.

Tiefer in den Wald: Ich folge dem schwachen Tuschestrich des Lehmpfads, der sich an meinen Lieblingsbäumen entlangschlängelt, der gegabelten Wünschelruteneiche und dem riesigen Küstenmammutbaum (»Hallo, Big Boy!«). Welcher Traum, welche Hoffnung brachte wohl vor einem Jahrhundert einen Farmer dazu, hier, an dieser äußersten Grenze Englands, wo es unsichtbar in Wales übergeht, einen Mammutbaum zu pflanzen?

Inzwischen ist es fast dunkel: Der Viertelmond schafft es nicht, die Wolke zu durchdringen, die am westlichen Himmel heranzieht. Ich habe beinahe die Gruppe königlicher Eichen erreicht, die alle anderen Bäume des Waldes überragen, außer dem Mammutbaum.

Der Charakter von Bäumen hängt von der Jahreszeit ab: Im Frühling beobachten sie einen. Zu Beginn des Winters, in der Einsamkeit unter großen, leeren Himmeln, enthalten sie nicht mehr Botanik als ein Stein.

Heute Abend sind die sieben Eichen die Tempelsäulen einer untergegangenen Kultur.

An der Weggabelung zaudere ich nicht, sondern halte mich links, auf das Jahr 1 nach Christus zu, oder so ungefähr, und komme an dem Horst aus drei Elsbeerbäumen vorbei. Das Trio aus *Sorbus torminalis* ist ein Überbleibsel des ursprünglichen Urwalds. Cockshutt existierte schon, als Wilhelm der Eroberer einfiel, sogar schon, als die Römer in Richtung Hereford marschierten.

Die rechte Gabelung führt quer durch die schmale Seite des Waldes, durch die Brombeeren zu den Stechpalmen und zur Salweide – und zu den Knäueln aus Geißblattranken, die aussehen, als würden sie den ganzen Wald herunterreißen, wenn man daran zöge. Dort liegt auch der Fuchsbau.

Das Ziel meiner Reise: Die vier Red-Poll-Kühe, Rote Hornlose, liegen in einem krummen Kreis auf der letzten Lichtung, wo sie Ausschau nach den Säbelzahntigern böser Rinderträume halten.

Ich werfe den Ballen in ihren Metalltrog. Hinter der Heuraufe liegt eine letzte Baumgruppe aus Fichten und Lärchen.

Das ist der Cockshutt Wood: ein Wäldchen im wogenden Hügelland, hauptsächlich aus Eschen, Eichen und Salweiden bestehend, in einem Archipel ähnlicher Wäldchen in Herefordshire. Von oben gesehen hat er wohl die Form eines Weidenblatts, dessen Spitze nach Norden zeigt. Rings um Cockshutt liegen Viehweiden und ein kleines Getreidefeld, das in meiner Obhut ist. Am westlichen Waldrand erstreckt sich ein langes Feld – nicht von mir bewirtschaftet –, das einem eintönigen Zyklus aus Weizen und Raps unterworfen wird. Dahinter kann man die Wanderfalkenbuckel der Black Mountains erspähen. Um Cockshutt von der Landstraße aus zu erreichen, wo ich parke, muss ich immer eine Koppel überqueren, die wir unseren Schweinen überlassen haben.

Ich gehe den Pfad entlang zurück. Inzwischen ist es dunkel, aber das macht nichts. Ich bin diesen Weg in den letzten drei Jahren so oft gegangen, dass ich ihn in schwärzester Nacht beschreiten kann.

Ich habe Wälder spät entdeckt. Eigentlich bin ich kein Waldmensch, obwohl mein Urgroßvater väterlicherseits der »Vogt« (eine wunderlich altmodische Bezeichnung) oder Verwalter eines Waldgebiets im Besitz des Barts Hospital in Aconbury war, gleich hinter dem Berg. Aber dann kam der Erste Weltkrieg, und die Familie wurde entwurzelt.

Ich wurde in die Landwirtschaft hineingeboren, was eine waldlose Kindheit bedeutete, bis auf das kreisförmige Wäldchen auf einem Hügel bei Westhide. Wie viele verstreute Waldstücke inmitten von Ackerland diente es dem Zweck, Unterschlupf für Federwild zu bieten. Meine Freunde und ich kickten uns durch das Laub am Boden, auf der Suche nach glänzenden gebrauchten Schrotpatronen, bunt wie exotische Vögel (bis auf die orangefarbenen Eley-Patronen, die keiner wollte). Im Herefordshire der 1970er-Jahre ging das Sammeln von Schrotpatronen als Hobby durch.

Alle anderen Walderlebnisse meiner Kindheit sind nur Fragmente, abgesplitterte Rindenstücke des Gedächtnisses:

1.) Auf dem Dachboden lag die Abschlussarbeit meiner Stiefmutter für ihr Pädagogikstudium – über die Laubbäume von Haugh

Wood, mit Beispielknospen, die mit durchsichtiger PVC-Klebefolie auf den Seiten befestigt waren, einem ebenso sicheren Anzeichen für die 1970er wie Schwarzwälder Kirschtorte und Hüpfbälle.

2.) Wir pflückten Hasenglöckchen in Haugh Wood und wilde Narzissen in Bent Orchard.

3.) Es gab aber auch Bäume: die jahrhundertealten Steineichen im Park von New Court in Lugwardine, wo ich reiten lernte; den Birnbaum im Vorgarten mit dem daran hängenden Baumläufer; unsere Apfelbäume; das Sammeln von Kastanien, mit ihrer wie Teakholz polierten Haut und ihrem säuerlichen Hefeduft; die Tricks beim *Conkers*-Spielen, wie die an Schnüre gebundenen Kastanien vor dem Gegeneinanderschlagen in Essig einzuweichen oder im Ofen zu backen.

In einem kleinen, aber meiner Meinung nach ehrenhaften Protestakt gegen Gesundheits- und Sicherheitsvorschriften habe ich meinen Sohn auf eine Schule geschickt, an der das *Conkers*-Spielen Pflicht war.

2. DEZEMBER: An den schattigen Stellen hält sich der Raureif den ganzen Vormittag über.

Was steckt in einem Namen? Manchmal ist eine ganze Bedeutungs-Archäologie darin enthalten. »Cock« stammt von *woodcock*, »Waldschnepfe«. »Shutt« ist mittelalterliches Englisch für *shut*, »eingeschlossen« oder »in der Falle«. Der Cockshutt Wood ist ein Wald, in dem – vor Jahrhunderten – Schnepfen mit Netzen gefangen wurden.

Früher gab es viele Schnepfen (deshalb ist der Name Cockshutt für englische Wälder so allgegenwärtig). Ein paar brüten immer noch in der Gegend, drüben auf dem Gemeindeland von Ewyas Harold, aber die vier Waldschnepfen, die sich heute im Brombeerdickicht von Cockshutt aneinandergedrängt wärmen, sind Herbstmigranten. Als Gott die plumpe Waldschnepfe erschuf, muss Er in der gleichen schrulligen Stimmung gewesen sein wie beim Zusammenschustern des Schnabeltiers. Obwohl sie nur so groß ist wie eine menschliche Hand, ragt aus dem Gesicht der Waldschnepfe ein Stilett.

In Vogelbüchern werden die braun-weiß gefleckten und gestreiften Federn der Waldschnepfe als »Tarnfärbung« beschrieben; »Magie« käme der Sache näher. Nur der Brachvogel, der Wendehals und die Bekassine haben eine ebenso wirkungsvolle Tarnung. Bei schneefreiem Wetter verschmilzt das rotbraune Gefieder der Waldschnepfe mit der Laubstreu am Waldboden.

Waldschnepfen gehen nahtlos in ihre Umgebung über. Sie sind das Blatt, das durch den Buchenwald weht, der vermoderte Holunderstumpf am Wegrand, das Fleckchen Grau im abendlichen Schatten.

Ich weiß nur deshalb, dass die vier Waldschnepfen unten im Brombeerdickicht sitzen, weil ich gesehen habe, wie sie vom Ostwind hergeblasen wurden. Erschöpft taumelten sie zu Boden, während der Morgen dämmerte und ich Feuerholz sammelte und der Raureif die Stängel der Weidenröschen erstrahlen ließ.

Einige Anmerkungen zu Feuerholz: Esche, ob saftig oder trocken, ergibt weiß glühendes Holz; Sandbirke ist irrsinnig lodernd, pyromanisch; Kiefer ist hektisch; Apfel, Kirsche und Weide duften süß; Stechpalme flammt grün und strahlend auf; Eiche ist ein langsamer, fester Brennstoff, wie Kohle, und riecht genauso stechend.

Die englische Redensart *by hook or by crook*, »auf Biegen und Brechen«, bedeutet wörtlich »mit Haken oder Hirtenstab«; sie stammt aus dem Mittelalter, als Dorfbewohner nur Totholz sammeln und weder Bäume noch Büsche fällen durften. Umgestürzte

Bäume und Totholz konnten mit einem Hirtenstab oder Jätehaken freigeräumt und herausgezogen werden.

Obwohl im mittelalterlichen England Menschen bestraft wurden, die lebende Bäume fällten oder verletzten, war das Recht nicht so brutal wie die Gesetze in Deutschland. Dort bestand die Strafe für alle, die es wagten, die Rinde von einem lebenden Baum abzuschälen (und ihn dadurch umzubringen), darin, ihren Nabel herauszuschneiden, an den Baum zu nageln und sie um den Baum herumzutreiben, bis all ihre Gedärme um den Stamm gewickelt waren.

John Gilbert, der Bischof von Hereford, begnügte sich im Jahr 1383 damit, diejenigen zu exkommunizieren, die im nahe gelegenen Wood of Ross Bäume gefällt hatten.

Feuerholz zu sammeln oder zu sägen, produziert Wärme; es zu verbrennen, produziert Hitze. Ein segensreicher Kreislauf.

Holz war der erste vernünftige Brennstoff. Insofern bin ich jeden Tag, wenn ich mich bücke, um Eschen- oder Weidenzweige und Reisig zum Anfeuern zu sammeln, nichts weiter als das visuelle Echo eines Steinzeitmenschen. Wir Menschen nutzen seit mehr als fünfhunderttausend Jahren Holz für Wärme.

3. DEZEMBER: Ich stelle einen weißen Plastikgartenstuhl am Teich auf, an der Stelle, wo der Laubbaumbestand aufhört und das Gebiet der Kiefern anfängt; in der Mitte von Cockshutt, wo ich Bug und Heck des Waldes sehen kann. Der Blick aus diesem Stuhl wird Zeitrafferbilder für meine Erinnerung liefern.

Der Fichtenhain: Aus einem bestimmten Winkel gesehen, stehen die Fichten so dicht beisammen, dass sie einen unpassierbaren Holzwall bilden. Der Fichtenduft ist variabel – mal erfüllt er die Luft, mal, wie heute (tiefgekühlt und trocken), ist er inexistent.

Vor mir am Teichufer stehen die Sandbirken, Schneeköniginnenbäume; niemand hat sich jemals Birken als männlich vorgestellt. Trotz ihrer Anmut sind Sandbirken zäh; nach der letzten Eiszeit waren sie die ersten Bäume, die Großbritannien besiedelten.

Die Sandbirke, *Betula pendula*, hat im Gegensatz zu ihrer Cousine, der Moorbirke, Rindenbuckel am unteren Stammende.

Wie unsere Wälder entstanden sind: Als sich vor zehntausend Jahren das Eis zurückzog, bestand Großbritannien aus baumloser, mit dem Kontinent verbundener Tundra. Als das Klima milder wurde, war die Zeit reif für eine Bauminvasion. Nach der Birke kamen Wacholder, Weide und Kiefer; sie bildeten die Vorhut der Bäume.

Aus dem Augenwinkel sehe ich eine Bewegung. Die Füchsin. Im Zwielicht strahlt ihr Pelz. Sie brennt bei lebendigem Leib.

Sie kreischt ihren Balzruf, das Klagen der Trauernden.

Mir war vorher schon kalt, aber jetzt wird mir noch kälter. Sie heult wieder und spitzt die Ohren nach einer Antwort. Nichts schallt über die bitter-harten Wiesen oder durch die Bäume zurück. Sie trabt weiter, ist schon fast bei mir angekommen, als sie plötzlich meinen Geruch wittert. Ihr Gesicht blitzt auf, dann schießt sie los und ist weg, wie eine erloschene Flamme.

In einem Wald spielen Bäume die Hauptrollen, aber ich applaudiere auch den Nebendarstellern.

5. DEZEMBER: Nebel schmiegt sich in die Schlucht; an ihrem Grund plätschert ein Rinnsal aus dem Teich. Ein Fischreiher kommt durch den Dunst herauf wie ein altgriechischer Dreiruderer, der über die Wellen gleitet, und lässt sich am Teichufer nieder.

Der Porling an der Weide sieht aus wie ein trockenes Regalbrett; wenn man daraufklopft, klingt er wie Styropor. In einer so anspruchslosen, unbeweglichen Lebensform liegt möglicherweise unsere Zukunft als Menschheit; Porlinge könnten die nächste Quelle für Antibiotika werden.

Die Waldschnepfen sind weggeflogen.

Manchmal fürchte ich, dass der Cockshutt Wood aufgrund seiner Kleinheit eher ein Wäldchen als ein Wald ist. Aber er fühlt sich alt an und vermittelt von der Landstraße aus einen Eindruck von Stabilität, so als gehörte er hierher.

Zu Beginn gab es die wilden Wälder. Dann kamen die Steinzeitmenschen; sie schlugen die ersten Löcher in das endlose Blätterdach. Der Urwald versorgte die nomadischen Jäger mit Wildbret, Beeren, essbaren Wurzeln, Blättern, Samen, Holz und bedeckte fast die ganze Landfläche Großbritanniens inklusive der Berggipfel. Pollenzählungen in prähistorischem Torf zeigen, dass die Ulmenbestände um das Jahr 3000 vor Christus plötzlich abnahmen und die Brennnesseln sich im gleichen Maße vermehrten. Die Abholzung des Urwaldes durch die Bauern der Jungsteinzeit hatte begonnen; die Steinzeitmenschen töteten die Bäume ihrer Wahl meist durch »Ringeln« – indem sie die Rinde mit einer Steinaxt ringförmig abschälten, wie es Rotwild tut. Dann kamen die Kelten mit ihren Eisenwerkzeugen. Die Römer verwandelten einen Großteil des britischen Tieflandes in eine kaiserliche Kornkammer, trotzdem gab es im 9. Jahrhundert immer noch große Landstriche mit natürlichen Wäldern: Der Kent and Sussex Weald erstreckte sich über zweihundert Kilometer. Die Verwandlung der Landschaft ist den angelsächsischen Landwirten zuzuschreiben; sie legten Grenzen für Felder, Wälder und Gemeinden fest, die bis heute gelten. Als 1066 die normannische Eroberung stattfand, war die offene Struktur unserer modernen Landschaft bereits geprägt. Nur ungefähr fünfzehn Prozent der Flächen, die das *Domesday Book* als erstes englisches Grundbuch im 11. Jahrhundert erfasste, bestanden aus Wald oder Waldweiden. Es wird vermutet, dass der Forest of Dean der letzte natürliche Urwald Englands war; er wurde im 13. Jahrhundert abgeholzt.

Damals bewirtschafteten wir unsere Wälder. Die Produkte des Niederwalds beheizten die Öfen der Dörfer wie der Städte. (In einem Niederwald werden die Bäume immer wieder bis zum Boden gekappt, damit sie neu austreiben. Der Rhythmus dieses Rückschnitts hängt von der Baumart ab; Haselbüsche werden in einem Sieben- bis Zwölf-Jahres-Zyklus gefällt, Eschen alle zwölf bis fünfzehn Jahre und Eichen ungefähr alle dreißig Jahre. Weiter oben gekappte Bäume wie beispielsweise Kopfweiden sind sozusagen erhöhter Niederwald; die Bäume werden oberhalb der Reichweite von weidenden Nutztieren beschnitten.) Die Wälder lieferten das Holz für die Kriegsflotten von Oliver Cromwell und König George III., die das britische Weltreich begründeten. Unsere einheimischen Wälder wurden nicht mehr genutzt, sobald die Industrielle Revolution dem menschlichen Streben eine neue Richtung gab, angetrieben von Kohle und Eisenproduktion.

Zwei Weltkriege, das Abholzen von Bäumen für die Bezahlung von Erbschaftssteuern und die Geißel des Ulmensterbens rafften einen Großteil dessen dahin, was noch übrig war.

Man nimmt an, dass es in Großbritannien nur neununddreißig einheimische Baumarten gibt. Von diesen wachsen in Cockshutt:

Eiche	Lärche
Buche	Erle
Salweide	Holunder
Haselnuss	Ulme
Wildkirsche	Elsbeere
Sandbirke	Stechpalme
Esche	

Cockshutts »fremde«, importierte Bäume sind Fichte, Küstenmammutbaum, Esskastanie, Bergahorn.

Und was ist der Unterschied zwischen Bäumen und Sträuchern? Sträucher haben viele »Triebe«, Bäume einen einzigen Stamm. Im Allgemeinen.

6. DEZEMBER: Eine milchig-wässrige Schwüle liegt über allem. Windstille. Fast eine Ouvertüre zum Frühling.

Ich lasse die Ferkel aus ihrem Pferch am unteren Ende von Cockshutt in die Schlucht; sie rasen herum, alle neun, absolut synchron.

Sie sind erst vor einem Monat auf die Welt gekommen; elfenohrige, rippenknochige, kolbenmäulige Ferkelbabys sind nicht attraktiv. Mit zunehmendem Alter sind sie niedlicher geworden.

Im unzeitgemäß milden Wetter explodieren Pilze, kegelförmige Roststielige Samthäubchen, am Teich; eine verrottende Science-Fiction-Stadt.

Später, kurz vor Einbruch der Dunkelheit: ein Schwarm Dohlen über dem Wald. Der Schwarm zieht sich zu einer Kugel zusammen, dann öffnet er sich wie ein Damenfächer und verwandelt sich erst in einen dreißig Meter langen chinesischen Drachen, dann in einen von unsichtbaren Händen geschüttelten Teppich.

Wälder haben Ohren. Die milden und feuchten letzten Tage haben auf dem an der Schlucht herumlungernden Holunder die größte Menge an Judasohr-Pilzen wachsen lassen, die ich je gesehen habe. Das Judasohr trägt seinen Namen aufgrund seiner außerordentlichen Ähnlichkeit mit dem menschlichen Hörorgan und wegen der Legende, dass Judas Iskariot, der Christus für dreißig Silberlinge verraten hatte, sich an einem Holunderbaum aufgehängt haben soll. (Der lateinische Name lautet *Auricularia auricula-judae*,

»Ohr des Judas«.) Zu seinen englischen Volksnamen gehört *jelly ear*, »Geleeohr«, was sich auf die gallert- oder gummiartige Konsistenz dieses Pilzes bezieht.

Zu den schönen Seiten des hässlichen Judasohrs gehört, dass es unmöglich mit einem Giftpilz verwechselt werden kann. Ich nehme einen der Pilze mit nach Hause; er ist mehr als zehn Zentimeter breit. Groß genug für eine Twitter-Meldung.

15.30 Uhr. Rotdrosseln landen in den Haselbüschen hinter dem Teich: ein Wasserfall aus Gezwitscher.

16.30 Uhr. Der rote Himmel wird von den Feuern des Hephaistos erhellt. Wintergoldhähnchen pulen Samen aus den kleinen schwarzen Zapfen der Erle.

Ein weiterer Dohlenschwarm: Diesmal sind es zweihundert Vögel, und kleine Trupps vereinigen sich mit der Masse wie Zuflüsse, die in einen Strom münden. Die Dohlen krächzen am lautesten, wenn sie die Richtung wechseln.

Vom anderen Ende des Waldes: *Huu-huu ... H-u-u-u-u-u-u*. Nachtmusik: der Ruf eines Käuzchens.

Gibt es einen Indikator für Käuzchenglück? Ich glaube schon. In den drei Jahren, die wir den Wald bewirtschaften, hat die Ehefrau von Old Brown immer größere Gelege produziert. Zwei Eier. Drei Eier. Und dieses Jahr vier Eier.

Der Grund für die immer größeren Gelege der Waldkäuze liegt darin, dass wir ihre Nahrungsversorgung verbessert haben, indem wir die zudringlichen Brombeeren zurückdrängten; dieser Stacheldraht der Natur bedeckte fast den ganzen Waldboden. Vorher war Old Brown schlicht nicht in der Lage, die Dornenranken zu durchdringen, wenn er auf der Jagd war.

Ich sage, »wir« hätten die invasiven, dominanten Brombeeren eingedämmt, aber die echte Schwerstarbeit wurde von den Tieren geleistet, von Hufen und Zähnen der Kühe, Schweine und Schafe. Mehr als ein Drittel des Waldbodens besteht jetzt aus Laub, heruntergefallenen Ästen und grasigen Lichtungen. Old Brown muss nicht mehr am Waldrand leben oder von Waldstück zu Waldstück fliegen. Seine Mahlzeiten aus Spitz- und Waldmäusen wuseln zu Hunderten rings um sein Heim.

8. DEZEMBER: Ich schieße einen Fasan (als Weihnachtsbraten), unter einer schwarzen Wolke, die so groß ist wie ganz Europa.

Der Fasan, ein Männchen, saß an seiner üblichen Stelle, der mehrstämmigen Erle an der Ecke des Teichs. Er landet mit einem dumpfen Schlag. Ich bedauere sofort, ihn getötet zu haben. Ich mochte seine Präsenz auf den Wiesen und im Wald.

Die seitlichen Kleckse an seinem Gesicht sind scharlachrot, um mich daran zu erinnern, dass ich sein Blut vergossen habe.

Das Nachmittagslicht verblasst nicht, sondern versinkt so schnell wie ein fallender Stein.

Fasane gibt es hier wahrscheinlich erst seit der Römerzeit. Der römische Schriftsteller Palladius beschrieb schon um 350 nach Christus, wie man sie aufzieht. Einen eindeutigen Beweis ihrer Existenz liefert eine Verordnung des Klosters Waltham Abbey aus dem Jahr 1059. Die Jägerzunft hat ihre Fasane immer schon verteidigt – mit Zähnen und Klauen. Am 18. Januar 1816 unternahm ein gewisser John Allen mit weiteren Männern aus Gloucestershire eine Wilderertour auf die Ländereien von Colonel Berkeley, der in Berkeley Castle lebte. Berkeleys Jagdaufseher Thomas Clarke und neun weitere Wildhüter warteten schon auf sie. Jemand feuerte einen Schuss ab (angeblich der Wilderer John Penny) und tötete einen der Wildhüter. Am 3. April 1816 standen die Wilderer wegen Mordes vor Gericht. John Allen und John Penny wurden zum Tode verurteilt, die übrigen zur Deportation.

Ungefähr 25 Millionen Fasane werden jedes Jahr im Vereinigten Königreich aufgezogen und freigelassen. Der Fasan in der Erle war von einer Jagd versprengt, obwohl Fasane in Cockshutt auch brüten.

9. DEZEMBER: Der Himmel ist blutunterlaufen violett.

Als ich den Kühen zwischen den Eichen ihr Heu hingeworfen habe und mich umdrehe, um zurückzugehen zum oben an der Landstraße geparkten Landrover, beginnt es zu schneien. Der Schnee ist hart, und er schimmert knisternd.

Und ich denke: An einem Winterabend in einem Wald zu stehen, wenn der Schnee durch blattlose Eichen rieselt, ist pure, auf die Elemente reduzierte Existenz.

10. DEZEMBER: Entgegen den Wünschen meiner Kinder ist Schnee im Dezember etwas Ungewöhnliches, aber hier im Hochland bekommen wir manchmal doch welchen.

Schnee macht alles alt, uns eingeschlossen, wenn wir uns unter ihm ducken.

Frisch gefallener Schnee lähmt Geräusche. Die Stille des Hochsommers ist in Wahrheit ein Hintergrundbrummen monotoner, sich ähnelnder Geräusche: Bienensummen, Ringeltaubengurren, Grashüpferzirpen.

Ich stehe im Wald – zwischen den schwarzen Bäumen, zu meinen Füßen liegt der bläuliche Nachmittagsschnee – und halte Ausschau.

Neben mir durchstöbert ein einsamer Baumläufer die Rinde einer Erle wie eine Putzkraft, die nach einem Konzert unter den Bankreihen nach Abfällen sucht.

Der Schnee ist schnell wieder weg, außer unter den Hecken, wo er noch tagelang in den Schrunden liegt.

Bei Wäldern an einem Schneeabend

Wem sind die Wälder rings im Kreis?
Sein Haus liegt fern im Dorf, ich weiß.
Er sieht mich nicht am Wald hier stehn,
Ihn anzustarr'n voll Schnee und Eis.
Mein kleiner Gaul denkt: Was geschehn?
Hier, wo kein Stall ist, stillzustehn
Bei Wäldern und gefrornem Pfad,
Die schon im kargen Licht vergehn.
Sein Rütteln am Geschell besagt,
Dass ihm der Schneewald nicht behagt.
Eintönig faucht in diese Ruh
Ein eisiger Wind, der Flocken jagt.
Wie wär der Wald so weiche Truh'!
Doch sag ich Nein und schwör mir's zu
Und fahr noch weit, bevor ich ruh,
Und fahr noch weit, bevor ich ruh.

Robert Frost

12. DEZEMBER: Die Morgendämmerung eines Hexers, rot und brutal; ein Turmfalke sitzt als glühende Kohle auf dem Telefondraht.

Hausschweine sind keine Frühaufsteher. Ich bringe den Säuen und den neun Ferkeln im Pferch das Frühstück ans Bett; untypischerweise waren die Schweinchen früh auf und sind aus dem Nachtpferch abgehauen in den Wald.

Ich renne zwischen den Bäumen hindurch, die aus der Ferne undurchdringlich wirken, aber aus der Nähe für mich beiseitetreten. Endlich finde ich die frechen Ferkel und scheuche sie zurück zu ihrem Frühstück. Später am Vormittag, zu Hause, ruft mich eine Kundin an und fragt: »Sind Ihre Schweine aus Freilandhaltung?« Ich: »Madam, sie sind praktisch wild.«

Der Nachmittag ist nichts als Nieselregen und Nebel; mein Atem verstärkt den weißen Schleier. Ein unsichtbares Grauhörnchen schimpft. Der Teich zittert vor winzigen Regentropfen; der Waldboden hat keine Farbe außer Rindenbraun. Sämtliche Brennnesseln und die turmhohen Weidenröschen sind inzwischen unter dem Gewicht der Jahreszeit zusammengebrochen, der nicht abzuschüttelnden Last der Zeit.

19.25 Uhr. Ich komme an der Landstraße an. Unten in Cockshutt höre ich einen Fuchsrüden bellen; ein arrogantes Bellen. *Wah. Wah. Wah.*

14. DEZEMBER: Die Kaninchen haben an einer oben gekappten Erle herumgekratzt und rosa Narben auf ihren flatternden, freiliegenden Wurzeln hinterlassen.

Im Sonnenschein leuchten die Fichten strahlend bunt, mit ihren knallgrünen Nadeln und ihren langen, orangefarbenen Gürteltier-Zapfen, das muss ich zugeben.

Heute habe ich eine Arbeit beendet, die ich vor drei Jahren begonnen habe – einen Katasterplan aller Bäume in diesem Wald.

Es gibt 647 Bäume, die das Stadium des Sämlings hinter sich haben.

Wie das französische Wort *forêt* und der deutsche Forst stammt das englische Wort *forest* vom mittellateinischen *forestis* ab, das wahrscheinlich seinerseits vom lateinischen *forīs* abgeleitet ist; das bedeutet letztlich »außerhalb« der normalen Rechtsprechung, also einem getrennten »Waldrecht« unterworfen. Das Waldrecht war primär dazu gedacht, Wild für die königliche Tafel zu schützen und zu liefern. Zu einem *forest* konnten auch große baumlose Ländereien gehören, beispielsweise Felder oder gar ganze Städte.

Die eindeutige Definition des Wortes *forest* ist im Englischen verloren gegangen. Ein baumbestandenes Gebiet kann *forest* oder *wood* heißen, wobei Ersteres inzwischen für etwas außerordentlich Großes steht. »*Woodland*« klingt nach Natur, aber das ist eine falsche Vorstellung. Die Bäume wurden gekappt oder gefällt, und seit der Bronzezeit weideten Nutztiere darunter.

Dieses Wissen ist aus dem westlichen Gedächtnis beinahe entschwunden, obwohl es in Baum- und Blumennamen bewahrt bleibt. Die Salweide heißt im Englischen auch *goat willow*, weil Ziegen gern ihre Blätter fressen.

Alle gängigen Nutztiere, außer Schafe, stammen von Waldtieren ab. Ein Großteil der mittelalterlichen Wirtschaft basierte auf frei im Wald herumstreunenden Schweinen. Hühner bevorzugen Waldgebiete; schließlich stammen sie von indischen Dschungelvögeln ab. Raubvögel brauchen eine freie »Landebahn« – Bäume blockieren diese. Frei laufende Hühner bewegen sich nur widerwillig hinaus auf baumloses Gelände. Für Kühe, Schweine und Hühner liefern Wälder Knollen, Nüsse, wirbellose Tiere (für Schweine und Geflügel), außerdem »Äsung« (Gräser, Kräuter, Blätter) sowie Schutz und Schatten. Im Gegenzug düngen Vieh und Geflügel das Land, brechen kleine Äste ab und öffnen dichtes Unterholz dem Licht. Schweineschnauzen, Hühnerschnäbel und Rinderhufe durchwühlen die Erde und liefern ideale Bedingungen für das Keimen von Samen und Nüssen. Die Tiere imitieren das Verhalten jener Auerochsen und Wildschweine, die einst den Urwald durchstreiften. Vom Rotwild abgesehen, sind die Einwirkungen größerer Tiere auf Waldgebiete vom Spätmittelalter bis zum 21. Jahrhundert weitgehend verloren gegangen.

Ich bin nicht der Einzige, der wieder Nutztiere im Wald hält. Die neumodische Landwirtschaft im Wald hat sogar einen Namen: »Agroforstwirtschaft«, was so viel bedeutet wie die parallele Produktion von Bäumen und Nutztieren oder konventionellen Nahrungspflanzen.

15. DEZEMBER: Ein Wintervollmond am Morgen, perfekt rund, perfekt weiß.

Der Fischreiher steht in der Schlucht; nach dem Regen und der Schneeschmelze wirkt der Talboden wie ein afrikanisches Flussdelta vom Flugzeug aus gesehen: schimmerndes Silber, verzweigte Gewässer.

Rotkehlchengesang tröpfelt durch den Wald. Ein Grauhörnchen springt an einer Birke empor – es klettert nicht, sondern schnellt energisch in die Höhe und krallt sich fest; das Ganze noch einmal, dann überquert es das Blätterdach oberhalb meines Stuhls; ein Zweig ist zu dünn, es testet einen anderen, setzt seine Parcours-Vorstellung fort, klettert zuletzt hinunter und schlendert sorglos davon.

Im Wald ist immer etwas Unvorhersehbares zu spüren; ständig hat man das Gefühl, hinter der nächsten Wegbiegung, dem nächsten Baumstrunk warte eine Überraschung.

16. DEZEMBER: Abenddämmerung: Die Ringeltauben fliegen in die Lärche, allein und zu zweien, bis sich ungefähr dreißig von ihnen niedergelassen haben.

Am undurchschaubaren Teich: Das Schilf löst sich ins Dunkel auf bis zur Nichtexistenz.

Eine überraschende Menge an Vogelstimmen: Amsel, Fasan, Zaunkönig.

Wälder: Sie besiedeln den Geist.

Old Brown, der Waldkauz, beginnt zu rufen; er verkündet seine Herrschaft über diesen Wald. Käuzchen sind im Herbst am lautstärksten, wenn die Männchen durch ihre Rufe Anspruch auf Brutreviere erheben. Zum ersten Mal sind sie Ende September zu hören, wenn die Vögel die Mauser hinter sich haben; bis zum Dezember nimmt ihre Häufigkeit zu. Als Nachttiere kommunizieren Käuze vor allem über Geräusche.

Die Sachsen nannten diesen Vogel *Ule*, nach seinem klagenden Schrei. Der Waldkauz ist Shakespeares »Kauz, der nächtlich kreischt und über unsere schmucken Geister staunt«.

Old Brown wird weiterrufen bis morgen früh gegen 7.45 Uhr, eine lange Schicht. Der Kauz, der am lautesten und längsten singt, ist wahrscheinlich von besserer Abstammung als einer, der sich nur kurze Gesangsphasen erlauben kann.

Vor drei Jahren hat Old Brown die Revierrechte über Cockshutt errungen. Seitdem hat er es gegen alle Neuankömmlinge verteidigt – Eulen, Füchse, Dachse. Einmal ging er unseren Jack Russell an; zum Glück war ich in der Nähe.

Ich verschränke meine Finger, drücke die Handballen gegeneinander und blase Old Brown ein imitiertes *Hu-huu* zu.

Es braucht drei Anläufe, aber dann antwortet er. *Huuhuu-huu-h-u-u-u*. Welch ein Ruf.

Sammelbegriffe für Bäume:

Allee – eine oder mehrere Reihen von Bäumen zu beiden Seiten einer Straße

Bestand – kleine Baumgruppe; von Förstern häufig als Bezeichnung für Bereiche ähnlich bewirtschafteter Bäume verwendet

Dickicht – dicht verwachsene Sträucher und Dornbüsche

Forst – zur Holzgewinnung genutzter und bewirtschafteter Wald

Gehölz – inmitten von Wiesen und Feldern gelegenes Wäldchen,
   auch: einzelner Baum oder Strauch

Hag – umfriedeter Wald oder Hecke aus Bäumen und Sträuchern

Hain – ein kleines Wäldchen, oft aus Bäumen einer einzigen Art

Horst – kleine Baum- oder Strauchgruppe (siehe Trupp)

Niederwald – ein Waldgebiet, in dem die Gehölze (z.B. Haselsträucher) regelmäßig gekappt werden, um Holz oder »Laubheu« für
   Nutztiere zu gewinnen

Schonung – künstlich bepflanzte, oft umzäunte Fläche mit jungen
   Bäumen

Strauchwerk – dicht nebeneinanderwachsende, stark verzweigte
   Sträucher, in denen sich gern Wildtiere wie Füchse verstecken

Tann – Wald aus Nadelbäumen

Trupp – sehr kleine Baumgruppe einer Art

17. DEZEMBER: Am anderen Ufer des Teichs steht der Reiher in
einem Wirrwarr aus toten, wie Schwerter gekreuzten Schilfhalmen,
zwischen zwei Erlensäulen, und sieht grimmig-pharisäerhaft aus
wie alle Reiher. Der Tempelpriester des Teiches entscheidet, dass
ich zu nahe bin, um ungefährlich zu sein, und flappt auf trägen,
traurigen Schwingen davon. Er gibt ein einzelnes *Kraack* von sich,
das die tiefgefrorene Stille des Tals zerreißt.

   Es tut mir leid, ihn beim Fischen gestört zu haben.

   Stechpalmen mit einer Gartenschere zu schneiden birgt immer
ein gewisses Potenzial an Mr.-Bean-Slapstick. Tatsächlich: Als ich
auf die Leiter steige, schnellt ein Ilex-Ast zurück und trifft mich an
der Stirn. Ich blute rote Beeren.

   Aber ich muss die Leiter emporklettern, wegen der »Bestache-
lung«: Die unteren Blätter der Stechpalmenbäume sind mit Stacheln
bewehrt, um grasende Tiere abzuschrecken. Blätter oberhalb ihrer
Reichweite sind dornenlose Ovale, glatt wie die einer Kamelie.

Vor Jahrhunderten hat jemand einen Bestand von Stechpalmen in den Wald gepflanzt, wahrscheinlich als Winterfutter. Wenn das Heu ausging oder wenn es schneite, wurden die oberen Äste von *Ilex aquifolium* abgesägt, um Paarhufer zu füttern. Fünf auf den Stock gesetzte Stechpalmenbäume sind noch übrig. Als lebende Relikte alter bäuerlicher Gepflogenheiten sind sie so hoch und grün wie Tannen.

Ilex als Viehfutter zu verwenden gehört zu den Landwirtschaftspraktiken, die wie das Sensen oder das Binden von Strohpüppchen ins Museum gewandert sind. Aber in den Jahren vor der Winterfütterung mit Heu und Rüben war der Brauch, Stechpalmenblätter zu verfüttern, sehr wichtig, vor allem im britischen Westen und im Bergland. Gezielt angepflanzte Wäldchen aus *holly*, Stechpalme, waren wichtig genug, um den Namenszusatz »hollin« zu rechtfertigen, wie zum Beispiel bei dem Bauernhof Hollingwood Grange im Golden Valley, nur ein paar Meilen von uns entfernt. Wie die Stechpalme selbst konzentrieren sich die englischen »Hollin«-Ortsnamen im Norden und in den North Midlands, weit weg vom Tiefland und den fruchtbaren Böden.

In *The Dream of Rhonabwy*, einer mittelalterlichen walisischen Erzählung aus dem 12. Jahrhundert, gibt es eine Szene, in der in den Ställen »viele Stechpalmenzweige am Boden liegen, nachdem die Kühe ihre Spitzen abgefressen haben«. Stechpalme diente auch als Futter für das Rotwild der Lehnsherren. Illegales Beschneiden wurde durch Schröpfen des Geldbeutels bestraft. Das Gericht von Tideswell im königlichen Forest of High Peak bestrafte 1524 zehn Menschen für das Abschneiden von »Grünholz«; 1559 waren es vierundzwanzig und 1567 einundzwanzig. Stechpalme war grünes Geld; die Einkünfte aus einem Stechpalmenwäldchen konnten im 18. Jahrhundert immerhin ein Pfund und sechzehn Schillinge im Jahr betragen.

William Cobbett, der als junger Mann in den 1770er-Jahren in Farnham arbeitete, zermahlte Ilexzweige anscheinend, um sie für das Vieh appetitlicher zu machen. Und in Exmoor schrieb der viktorianische Naturschriftsteller Richard Jefferies: »Viele Stechpalmen sind inzwischen zum Schutz [gegen Rotwild] mit Stacheldraht umzäunt.«

Zu jenem Zeitpunkt war der Brauch, Ilex zu verfüttern, schon im Aussterben begriffen. Auch das Anpflanzen von Stechpalmen als Wetterschutz für Nutztiere wurde überflüssig, als Trockenmauern um die Gemeinschaftsweiden errichtet wurden.

Ich verwende Stechpalme als Aufputschmittel oder Vitamintablette für meine Tiere. Wir haben unsere Echinacea und unsere Chia-Samen – Kühe und Schafe haben ihren Ilex.

Mein Großvater hat mir beigebracht, diese Pflanze als Medizin oder als Stärkungsmittel zu verwenden. Wann immer eines der Tiere auf der Farm »nicht ganz gescheit« aussah – damit meinen wir in Herefordshire »krank« –, ließ Joe Amos das betreffende Tier an den Hecken grasen, damit es sich selbst kuriert. Gleich jenseits der Berge pflegten walisische Bauernhöfe ein *cae ysbyty* anzulegen, eine »Hospitalwiese« mit heilsamen Wildblumen und -pflanzen.

Nach vier Stunden Schneiden habe ich einen Berg glänzender Ilexblätter auf eine Plane gehäuft, die ich zu den Kühen hinaufzerre.

Ungefähr die Hälfte der Zweige fädele ich in den Maschendrahtzaun am nordöstlichen Waldrand; ein gewebter Zaun als Weihnachtsschmuck für die Tiere und als willkommene grüne Wand in einer bleigrauen Landschaft.

Eine der Kühe schlendert neugierig herbei, wickelt ihre rosa Zunge um einen Stechpalmenzweig und beginnt zu kauen. Eine zweite gesellt sich zu ihr. Sie schauen in die Ferne, über die stillen

Winterwiesen, als könnten sie etwas Geheimes sehen, das mir verborgen bleibt.

18. DEZEMBER, drei Uhr nachmittags: Die Bäume sorgen sich wegen des nahenden sibirischen Sturms.

Wir fürchten den Winter nicht mehr so wie die Menschen früherer Zeiten, die in dünnen, verschlissenen Kleidern hinaus in den Wald mussten, um sich um das Vieh zu kümmern wie ich heute. Shakespeare erwähnt das immer wieder. In Shakespeares *König Lear* spricht Edgar den eindringlichen Vers: »Durch scharfen Hagedorn saust kalt der Wind.«

Manche Leute behaupten, den Winter zu genießen – in Wirklichkeit aber meinen sie, dass sie das Belebende, Spinnweben-Wegblasende des Winters genießen, als kurzen Flirt mit den Elementen, bevor sie zurückkehren zu ihrer wahren Liebe: der Zentralheizung.

Für jeden, der draußen arbeitet wie ich, ist der Winter schmerzhaft. Der Heuballen auf meiner Schulter kratzt an meinem Hals; die Ballenschnur schneidet durch den Handschuh in meine linke Hand. Genau wie der Wind, der suchend den Weg herabkommt, auf der Suche nach mir.

Ich bekomme das »*Cold Song*«-Libretto, das John Dryden für Henry Purcell schrieb, nicht aus dem Kopf:

Siehst du denn nicht, wie alt und steif,
Geeignet nicht für Frost und Reif,
Ich kann kaum atmen, noch mich regen?
Will starr mich zu den Toten legen.

Die vier Red-Poll-Kühe stehen am höchsten Punkt des Waldes, mitten zwischen den Eichen, ihre einsamen Rücken gegen den

Wind gekehrt. Ich werfe den Heuballen in die Raufe und renne beinahe zurück zum Landrover, um mich der Gnade der Heizung auszuliefern.

19. DEZEMBER: Ich beschließe, alle Schweine aus dem Pferch zu lassen, damit sie am Südende des Waldes herumwühlen können; dort baggern sie den ganzen Vormittag über, vor allem unter der Esskastanie und der Buche, auf der Suche nach alter Mast und jungen Hasenglöckchen.

Den Begriff »Mast« gab es bereits im Althochdeutschen; von ihm leitete sich *mastan*, »fett/feist machen«, ab. Ein sogenanntes Mastjahr ist ein Naturphänomen – ein Jahr, in dem bestimmte Bäume wie Esche, Kastanie, Eiche und Buche eine Fülle von Samen produzieren. Buchen liefern beispielsweise alle fünf bis zehn Jahre ein Mastjahr. Niemand kennt die genauen Auslöser, allerdings scheint Selbstschutz durch Fruchtbarkeit eine offensichtliche Erklärung zu sein.

In der rüsseldurchpflügten Erde wartet eine Überraschung. Ein verrostetes viktorianisches Fangeisen. Dieser Wald könnte Geschichten erzählen.

Eichen behalten ihre Blätter oft bis in den Februar, aber nicht in diesem Jahr. Aus einer efeuumrankten Ruine späht ein Zaunkönig, klein wie ein Nachtfalter, zu mir herüber. Er ist zu geschwächt, um seinen üblichen Warnruf zu tschirpen.

Der Boden ist eisenhart, und der Frost der vergangenen Nacht hat den üblichen Giftpilzduft des Waldes eingefroren. Es gibt nur die beglückende Klarheit von Eis, ein Großreinemachen der Sinne. Aber ein Strang ranzigen Gestanks zieht sich beim Zaunübertritt über den Pfad – Fuchsgeruch.

Der Winterwald hallt von den ihm eigenen Geräuschen wider:

dem Händeklatschen von Taubenflügeln, die aus den skelettierten Bäumen aufsteigen, dem Papierrascheln von Kaninchen, die über trockene Ahornblätter in Deckung hoppeln.

Tief im Wald erschrecke ich einen Fasan unter einem Dornengebüsch. Oder eher: Er erschreckt mich, als er überstürzt zum Abflug losrast. Das Rätschen des Fasans – noch ein Geräusch, das den Wald liebt. Die Federn des Vogels, hängen geblieben in den Brombeerdornen, flattern in die Höhe.

Die Paarungszeit der Grauhörnchen hat begonnen, deshalb jage ich die beiden Kobel im Wald mit der Schrotflinte in die Luft, einen rauchenden Lauf pro Stück. Die Zweigkuppeln, widerrechtlich beschlagnahmt von einer Krähe, werden atomisiert.

Die Grauhörnchen sind nicht zu Hause.

In unserem ersten Jahr in Cockshutt fraßen die unersättlichen Grauhörnchen sämtliche Gelege an Buntspechteiern, sämtliche Gelege der Mönchsgrasmücken und die Küken des Fitis. Man mag mich einen Naturfanatiker nennen, aber ich mag Vogelgesang in einem englischen Wald eigentlich ganz gerne.

Lichter aus

Ich bin an der Grenze zum Traum,
Im unermesslichen Raum
Des Walds, in dem jeder einmal
Weicht ab vom richtigen Pfade,
Ob gewunden oder gerade:
Es gibt keine Wahl.

Viele Straßen und Steige
Seit der Dämmerung Neige
Bis zu des Waldes Rain

Beginnen zu flirren,
Wanderer zu verwirren,
Und sie sinken hinein.

Die Liebe endet hier,
Verzweiflung auch, Begier,
Alle Lust und Not enden nun,
Die Freude und der Kummer,
Im wunderbaren Schlummer –
Süßer als edelstes Tun.

Ein liebliches Gesicht
Oder Buch vermöcht' es nicht
Mich weiter zu halten hier.
Hinaus ins Unbekannte
Alleine ich mich wandte,
Ich weiß nicht, wie.

Hoch türmt sich der Hag,
Über mir, Lag auf Lag,
Hängt das Blätterdach dicht;
Befehlende Stille ich höre,
Dass ich meinen Weg verlöre
Und mein Ich.

Edward Thomas

20. DEZEMBER: Wir haben Large-Black-, Welsh- und Berkshire-Schweine: einheimische Rassen, mit ein paar Borsten auf dem Rücken als Schutz vor den Elementen, einem zähen Charakter und langen Rüsseln zum Stöbern. In einem Wald suchen sie sich Wild-

futter – was mir Geld spart – und werden gesünder. Schweine sind, was sie essen.

Leider sind Schweine wahllose Esser, was bedeutet, dass sie freudig die beiden grasigen Waldlichtungen umpflügen, die ich durch Kahlschläge geschaffen habe. Auch Baumsämlinge sind nicht sicher vor den Haifischrachen der Schweine. Um die Schweine in verschiedenen Bereichen des Waldes zu halten, braucht man Elektrozäune (drei waagerechte Drahtstränge übereinander und die große alte Traktorbatterie, die zigtausend Watt für abschreckende Schocks liefert), außerdem Stacheldrahtringe als Baumschutz.

Außerdem haben unsere einheimischen Schweine den Instinkt, hinaus- und herumzuziehen, jenseits menschengemachter, willkürlicher Grenzen. Also sind die Schweine heute Morgen (wieder einmal) abgehauen, was bedeutet, dass ich am Zugangsgatter am Anfang des Reitwegs stehen muss, um Tinkerbell, eine Large-Black-Sau von dreihundert Kilogramm, daran zu hindern, auszubrechen und sich zu ihrer Horde von Ferkeln zu gesellen, die auf dem Feld des Nachbarn glücklich im Kreis herumtollen.

All das führt dazu, dass ich spät dran bin, als ich die vier roten Kühe am oberen Ende des Waldes füttere; es ist ungefähr fünf Uhr an diesem dunklen Abend.

Über meinen Kopf streicht eine leichte, deplatzierte Brise. Old Brown dreht seine Runden.

Ich frage mich, ob Eulen im Dunkeln sehen können. Fast. Wenn es so fledermausschwarz ist wie heute Abend, öffnet sich die Iris der Eulenaugen fast vollständig, um das gesamte vorhandene Licht einzulassen. Eulen haben den besten »Stereoblick« aller Vögel.

Dank dieser lichtempfindlichen optischen Ausrüstung findet Old Brown seinen Weg durch Cockshutt bei Nacht, obwohl er auch meine Technik, den Wald im Dunkeln zu durchqueren, nutzt: die geistige Landkarte.

Er kreischt das Dunkel an. Trotz all unserer Straßenlaternen-zivilisation – in einem Dezemberwald um fünf Uhr abends kann man immer noch den Ruf der Wildnis hören.

Aus einem fernen Bauernhofkamin quillt der Rauch eines Holz-feuers, der Duft des ländlichen Winters. Jemand hat ein Feuer an-gezündet.

21. DEZEMBER, 7.38 Uhr morgens: Ich sitze auf dem albernen weißen Plastikstuhl am Teich. Die Käuze rufen immer noch; Doh-len fangen an zu singen, was allerdings mehr dem Quietschen beim Einstellen eines Radios ähnelt als einem Lied.

Am Nachmittag verwandelt die Sonne die Bäume in Stahlsti-che; im Dunkeln greift die Esche nach dem Mond.

Wenige Bäume halten den Mond so gut wie die Esche.

22. DEZEMBER: Die kahlen Bäume, die einsame Stille, die toten Blätter am Boden. Es gibt keine Blumen; in Wahrheit ist es seine Blumenlosigkeit, die den Dezember zu etwas Besonderem macht.

23. DEZEMBER: Stürmisch, nass, windig. Alte Bäume stöhnen wie alte Leute, die gegen die Unwürdigkeit von Bewegung protestieren.

In einem Wald wird es immer zuerst dunkel.

24. DEZEMBER: Es ist ein Jahr der Dürre, was Stechpalmenbee-ren angeht.

Die Wikingervögel – Rotdrosseln und Wacholderdrosseln – sind aus dem Norden heruntergekommen und haben alle Stechpalmen im meilenweiten Umkreis geplündert. In nur zwei oder drei Tagen.

Das Scharlachrot und Grün der Stechpalme ist an diesem Win-ternachmittag schockierend lebhaft. Wie Heinrich VIII. in einem Lied schrieb:

Ah! Stechpalme grünet schön,
Mit Efeu ganz allein,
Wenn Blumen sind nicht mehr zu sehn
Und fort das Laub, so fein.
Stechpalme grünt, der Efeu auch,
Und trotz des kalten Winters Hauch
Stechpalme grünet schön.

Die Stechpalme wehrt Unheil ab, sie ist ein Symbol Christi. Jahrhundertelang diente sie als physische Erinnerung an Christi Geburt zu Weihnachten, weil ihre Beeren rot sind wie Sein Blut, ihre Stacheln der Dornenkrone des Messias bei der Kreuzigung gleichen und ihre Blätter immergrün sind, eine botanische Metapher für das ewige Leben.

Ist die Weihnachtsgeschichte Aberglauben? Vielleicht. In meiner Familie haben wir immer daran geglaubt. Im Spätsommer schmückten wir unser Haus mit Hopfen, zu Weihnachten mit Stechpalme und Efeu.

Ich bin auf dem Land geboren und mag es nicht, Weihnachten ohne Stechpalmenzweige zu erleben. Schon mein Großvater sammelte als Junge Ilex für den Weihnachtsschmuck. Zu Weihnachten bin ich seine Wiedergeburt.

In einem Wald gehorcht die Zeit anderen Gesetzen. Hier herrscht immer die Vergangenheit.

25. DEZEMBER: Ein Scheit auf dem Feuer; ein atavistisches Vergnügen, das einen weit über die Kindheit hinausführt, zurück zu viktorianischen Postkutschenherbergen, zum *Merry England* Heinrichs VIII., zu den Anfängen der Menschheit.

Ich habe dieses Scheit von einem abgestürzten Eichenast abgesägt. Das brennende Scheit wärmt Körper und Seele – und Nacht.

Bei zugezogenen Vorhängen sind wir vier Höhlenmenschen, deren Wände im Flammenschein flackern – dem wieder freigesetzten Sonnenlicht längst vergangener Jahre.

Früher war das *Yule Log*, das zu Weihnachten verbrannt wurde, ein Scheit Eichenholz; seine Überreste wurden als Talismane gegen Feuer und Blitz aufbewahrt und als Anfeuerholz für das Weihnachtsscheit des nächsten Jahres. Der Dichter Robert Herrick schildert das Verfahren in seinen »*Ceremonies for Christmasse*« aus dem Jahr 1638:

Bringt mit Singen und Lärmen,
Ihr Burschen, zum Wärmen
Das Scheit für das Weihnachtsfeuer;
Die Dame mein wünscht, es sei
Jedermann frank und frei
Und trinke auf das, was ihm teuer.

Mit der letztjährigen Glut
Zündet's neue Scheit gut,
Damit der Erfolg euch erblühet;
Lasst die Psalter erklingen,
Sie mögen Glück bringen,
Solange das Scheit weiter glühet.

Der Anthropologe James Frazer vertritt die These, es könne sich dabei um ein Relikt uralter Eichenkulte handeln. Die frühen Kelten benannten ihre Priester nach diesem Baum: »Druide« leitet sich von *dru* und *uid* ab; es bezeichnet jemanden, der »Wissen über die Eiche« hat.

In Großbritannien gibt es zwei Eichenarten: die normale Stieleiche *Quercus robur* und die Traubeneiche, *Quercus petraea*. Die

Eichen von Cockshutt sind *Quercus robur* und haben jene Sorte Eicheln an langen Stielen, die Zwerge als Tabakspfeifen benutzen.

Die Eiche. Für die Briten war die Eiche so etwas wie der Büffel für die Sioux. Der Alles-Lieferant. In seinem Buch *Sylva* (1664) listet der Tagebuchautor und Baumkenner John Evelyn einige Verwendungen der Eiche in der traditionellen Medizin auf:

> *Junge rötliche Eichenblätter, in Wein ausgekocht, ergeben eine exzellente Gurgellösung für Entzündungen im Mund; und fast jeder Teil dieses Baumes ist unübertrefflich gegen Ausflüsse aller Art und dann, wenn adstringierende Mittel gebraucht werden. Wenn man den Tau, der im Mai die Blätter beperlt, in der Sonne verdunsten lässt, steigt eine Flüssigkeit auf, die bewunderungswürdige Wirkungen auf Geweberisse hat ... und auch Durchfall stillt. Und ein aus den Eicheln destilliertes Wasser ist gut gegen die Schwindsucht, das Seitenstechen und heilt innere Geschwüre ... und kühlt Entzündungen, wenn man ein Leintuch hineintaucht und auflegt: Sogar die Eicheln allein, beim Fasten gegessen, töten Würmer, fördern den Harn und (so sagen manche) zerbrechen sogar den Harnstein selbst. Holzkohle von Eiche, zerstoßen und mit Honig vermengt, heilt Karbunkel; ganz zu schweigen von den Säften, Farnen und sonstigen Auswachsungen, aus denen zahllose Heilmittel, vorzügliche Gegengifte &c. zusammengesetzt sind. Ja sogar, so wird berichtet, allein der Schatten dieses Baumes ist so wohltätig, dass das Schlafen oder Liegen darunter ein sofortiges Heilmittel für Lahmheit ist und jenen Linderung bringt, die der falsche, schädliche Einfluss des Walnussbaums heimgesucht hat.*

Eichengalläpfel, zerstoßen und mit rostigem Eisen in Wasser gelegt, ergaben eine Art Tinte. Gerbsäure aus Eichenrinde wurde zum Gerben von Leder verwendet, während Küfer das Holz für die Herstellung von Fässern schätzten. Eicheln reicherten Schweinefutter an. Eichenblätter ergaben Wein. Eichenholz aromatisierte Whisky. Dörfliche Heiratsvermittler schworen auf im Mai gesammelten Tau von Eichenblättern als Schönheitsmittel für junge Frauen.

Natürlich war der Hauptgrund für die Wertschätzung der Eiche ihr Holz, das wahrscheinlich das härteste von Großbritannien war. Im 17. Jahrhundert reimte der Dichter Renatus Rapinus:

Wenn Schiffe wir rüsten zur blutigen Schlacht,
Aus Eiche sind Planken und Waffen gemacht,
Sie liefert uns Pflüge und Feuerholz reich,
Kein Holz kommt an Nutzen der Eiche gleich.

Es wird geschätzt, dass zweitausend Bäume verbraucht wurden, um ein einziges Kriegsschiff für Lord Nelsons Seestreitmacht zu zimmern.

Jahrhundertelang profitierten englische Kirchgänger von den breiten Kronen der Eichen, die Gemeindegrenzen markierten; diese Bäume wurden »Evangeliumseichen« genannt, weil man bei Bittprozessionen dort innehielt, um eine Passage aus den Evangelien vorzulesen.

Eichen definieren unsere Landschaft und unsere Geschichte. *Quercus robur* ist in Großbritannien weit verbreitet, weiter als in jedem anderen westeuropäischen Land; daher rührt der Stolz auf diesen Baum, den man als unser Nationalgehölz betrachten könnte.

In Boscobel in Shropshire steht die *Royal Oak*, in der sich der Möchtegern-König Karl II. 1651 nach der Schlacht von Worcester vor Cromwells Männern versteckte. Robin Hood und seine Getreuen haben angeblich unter der *Major Oak* im Sherwood Forest getafelt. Eichen lieferten die Fachwerkbalken für die schwarz-weißen Tudor-Cottages unserer nationalen Sehnsüchte. Eichenholzschiffe besiegten die Armada und schlugen die Franzosen bei Trafalgar. Admiral Lord Collingwood, einer von Nelsons Waffenbrüdern, pflegte mit Eicheln in den Hosentaschen über die Hügel und Wege von Northumberland zu wandern, um sie in Hecken und Brachland zu pflanzen, auf dass die Royal Navy niemals Mangel an Eichenholz leide.

»*Heart of oak are our ships, jolly tars are our men*«, sangen wir in den 1970er-Jahren zum Jahrestag des Ausbruchs des Ersten Weltkriegs in der holzgetäfelten, flaggengeschmückten Aula unserer Schule.

»*Heart of Oak*« ist der offizielle Marsch der Royal Navy des Vereinigten Königreichs. Die Melodie wurde von William Boyce komponiert, den Text hat der englische Schauspieler David Garrick im 18. Jahrhundert verfasst.

Die Eiche kommt auch in vielen britischen Sprichwörtern vor, wie zum Beispiel:

»Eine Eiche fällt man nicht in einem Streich« – steht für Geduld.

»Große Eichen wachsen aus kleinen Eicheln« – aus Kleinem entsteht Großes.

»Die Weide kauft ein Pferd, bevor die Eiche den Sattel gekauft hat« – bezieht sich auf die Zeit, weil Eichen viel langsamer wachsen als Weiden.

Im Volksglauben gilt die Eiche als Wetterprophet:

Eichen vor Eschen –	*Oak before ash,*
Spritzts auf die Wäschen,	*In for a splash.*
Eschen vor Eichen –	*Ash before oak,*
Reichts zum Einweichen.	*In for a soak.*

Allerdings treibt die Esche doch bestimmt niemals vor der Eiche aus?

Ein anderes altes Verslein, über sicheres Verhalten bei Gewitter, lautet:

Hüte dich vorm Eichenhag, denn er ziehet an den Schlag,
Halt dich auch von Eschen fern, denn sie haben Blitze gern,
Unterm Dornbusch sollst du sitzen, er wird dich vor
    Schaden schützen.

Beware of the oak, as it draws the stroke,
And avoid the ash, as it counts the flash.
Best creep under the thorn, as it will keep you
    from harm.

Die Menschen der Frühzeit glaubten wahrscheinlich, dass der Blitz, der Eichen traf und sie in Brand setzte, von den Himmelsgöttern gesandt wurde. Von diesem Glauben war es nur ein kleiner Schritt zur Wahrnehmung der Eiche als heilig, als Feuerbringerin. Man nimmt an, dass bestimmte Eichenhaine heidnische Tempelstätten waren.

Der Grüne Mann, der Baumgeist der Urvölker, wird oft mit klugen Augen in einem Gesicht aus Eichenblättern dargestellt. Er wurde vom Christentum übernommen und ist in vielen alten Kirchen in England zu sehen. Er wird auch *Jack-o'-the-woods* genannt.

Wie der Naturforscher Brian Vesey-Fitzgerald anmerkte, konnte man einst durchaus »sagen, dass die Eiche das Leben der englischen Bevölkerung in jedem Moment von der Wiege bis zum Sarg berührt« habe. Heute gilt das nicht mehr; das haben wir den IKEA-Spanplattenmöbeln und dem Stahl zu verdanken – und meinem Plastikstuhl am Teichufer.

27. DEZEMBER: Der Morgen ist frostig, und zu Hause strahlen die Rotdrosseln auf der Koppel im ersten Tageslicht.

Als ich nachmittags in den Wald gehe, ist der Teich kalter Stahl, aber bald werden die Schilfrohre an ihrem gewohnten Platz hervorbrechen und die Primeln am Ufer blühen.

Ich verbringe den Nachmittag damit, den oberen Teil des Waldes einzuzäunen, vier waagerechte Reihen Stacheldraht an Holzpfosten, schnell und billig, bis zur Dämmerung. Fasane *kock-ko-ck*en von Wäldchen zu Wäldchen, eine Kettenreaktion. Der Ruf des Fasanenmännchens ist ebenfalls ein Beanspruchen von Besitz, das Verkünden eines Herrschaftsbereichs.

Auf dem Rückweg den Pfad hinunter komme ich unter dem Ast der Hohen Eiche vorbei; auf ihm hockt ein Fasan, der sich duckt und mich ängstlich beobachtet, wozu er allen Grund hat.

Als ich den Wald verlasse, fliegen die Dohlen auf, wahre Nachbarn aus der Hölle.

28. DEZEMBER: Am Schweinepferch lasse ich den Motor des Traktors laufen, weil er an einem Nachmittag wie diesem, wenn der Wind wie Draht peitscht, Wärme und Herzschlag gibt.

Pawlow benutzte eine Glocke, um seinen Hunden das Essen anzukündigen. Ich rufe unsere Schweine mit einem halben Ziegelstein, den ich gegen einen Blechtrog poche. *Ding, ding*, klingt es über die Wiesen.

Die Schweine sind draußen im Wald, auf Nahrungssuche. Die »Waldhutung«, bei der Schweine frei im Wald gehalten werden, war einst ein wichtiger Brauch. Nach den Grundbucheinträgen im *Herefordshire Domesday* war hier in der Gegend sogar kaum etwas anderes von Bedeutung. »Es war dort Waldland für 160 Schweine, wenn es Mast getragen hatte«, lautet die Eintragung für Pembridge. Die Familie meiner Mutter hielt die Waldhutrechte für das Golden

Valley, ein Stück weiter oben an der Landstraße, bis in die 1600er-Jahre – die Unterlagen darüber wurden sorgfältig aufbewahrt und eifersüchtig bewacht.

Außerdem hielt die Waldhutung Bucheckern und Eicheln von Rindern und Pferden fern, für die sie giftig sind.

Die »Mädels« sind draußen im Wald gut aufgehoben, aber wie ein ängstlicher Vater möchte ich gerne sichergehen, dass sie abends wieder zu Hause auf ihrer Heimatwiese sind.

Von den Schweinen kommt keine Antwort. Verdammt. Dieses Mal hämmere ich mit dem Ziegel auf den Trog. *Dong, dong*, tönt es hinaus; der barbarische Klang hallt von den harten Hügeln wider.

Aus den Tiefen des Waldes, aus den Tiefen der Zeit, ertönt das Antwortquieken eines Schweins.

Schattige Gestalten winden sich zwischen den düsteren Buchensäulen hindurch. Die Schweine kommen herunter.

Sie folgen dem alten Pfad, den Generationen von Tierpfoten in den Lehm gestampft haben, Grimbart, Reineke und Bambi. Dieser Pfad schlängelt sich nur scheinbar ziellos dahin. Erst nach einem Jahr des Begehens erkannte ich, dass er den schnellsten und sichersten Weg durch die Bäume bildet, weil er subtile Hindernisse und Unbequemlichkeiten umgeht. Amerikanische Wissenschaftler ließen einmal einen Computer gegen Kühe antreten, um festzustellen, wer die schnellste Route durch unebenes Gelände finden würde. Die Kühe gewannen jedes Mal. Man sieht: Die Tiere wissen es am besten.

Rennende Schweine sind nicht graziös. Sie trampeln. Leise sind sie auch nicht. Da ist das Grunzen und, als sie näher kommen, auch das Fleischklatschen von Dumbo-Ohren. (Wenn die Ohren dieser Schweine noch ein klein wenig größer wären, könnten sie vielleicht damit fliegen.)

Die Schweine grunzen zu mir empor, als sie das Gatter passieren, eine Art Gruß, bevor sie sich auf das Sauenfutter im Trog stürzen. Schweine fressen wie die Schweine, mit offenem Maul; ihr Sabber leuchtet in der Dämmerung wie phosphoreszierender Meeresschaum.

Large Blacks, Berkshire-Schweine, Welsh Pigs – alle werden ein wenig hinter den Ohren gekrault. Viele Leute sagen, sie mögen keine Schweine, wissen aber nicht recht, warum. Ich kann es ihnen sagen. Die nackte Haut eines Schweins ist die eines Menschen. Ich hebe Lavenders Schlapp-Flapp-Ohren an, um Hallo zu sagen. Sie hat menschliche Augen.

Lavender ist, wie sie sehr wohl weiß, mein Schweineliebling, meine Miss Piggy, aber es liegt sicher nicht an verblendeter Schätzchenwirtschaft, wenn ich sage, dass sie einen wundervollen Duft hat. Sie riecht nach frisch gebügelter Wäsche.

Heute Abend kommen mir die Schweine besonders hübsch vor. Verändert Landschaft die Stimmung eines Tieres, sein Verhalten? Schweine sind Nachkommen jener Wildschweine, die die größeren Wälder Großbritanniens bewohnten. Ich glaube, es ist keine Einbildung, dass unsere Schweine das Glück genießen, sich zu Hause zu fühlen, in ihrem angestammten Lebensraum zu sein.

29. DEZEMBER, morgens: Ich steige auf die Leiter, um Nistkästen an Lärche und Eiche zu befestigen, für Meisen und – wie ich mehr hoffe als erwarte – für Fliegenschnäpper.

Eiskalter Nebel rollt von Westen heran; er verstärkt die suchterregende Privatsphäre des Waldes. Ich bin in meiner eigenen Welt ausgesetzt, ich, allein mit den Tieren, den Vögeln, den Bäumen.

Zwei Fasanenmännchen fangen in der Schlucht an zu streiten, mit Kopfrucken und Samurai-Verbeugungen; sie stürzen sich aufeinander und spazieren dann die weite Strecke unter dem Zaun hindurch auf die Wiese, immer eine Bahngleisbreite voneinander entfernt, bis sie im Nebel versinken. Der neue Fasan, ein großer Hahn mit weißem Kragen, hat meinen Fasan hinausgeleitet.

Die Judasohren sind inzwischen zu ledrigen Pergamentfetzen verschrumpelt.

Ein Schwarm Dohlen über mir: wie Hagel am Fenster, wie das Brechen einer Woge am Ufer.

Fressende Schweine in der Kälte: Dampfmaschinenatem, regelmäßig wie Zylinderkolben, weiß.

30. DEZEMBER: Als ich nachmittags durch den Wald gehe, ist mir seltsam bewusst, dass er eher inaktiv als tot ist. Dass die Samen, die Bäume, die Tiere im Winterschlaf (Igel, Kröte, Frosch, Schlange, tausend Schmetterlinge, Milliarden Insekten) in sicherem Schlaf von Kälte und Nässe abgeschirmt sind. Unter der Erde und in versteckten Winkeln warten sie auf das Zeichen, wieder aufzustehen. In diesem Wald aus dunklen Eichen, Eschen, Buchen, Weiden, Kiefern rollt ewig Zarathustras Rad des Seins:

O Mensch! Gib acht!
Was spricht die tiefe Mitternacht?
»Ich schlief, ich schlief –,
Aus tiefem Traum bin ich erwacht: –
Die Welt ist tief,
Und tiefer als der Tag gedacht.
Tief ist ihr Weh –,
Lust – tiefer noch als Herzeleid:
Weh spricht: Vergeh!
Doch alle Lust will Ewigkeit –,
– will tiefe, tiefe Ewigkeit!«

Und ich bemerke, dass die samtschwarzen Knospen an der Esche schon voll entwickelt sind.

31. DEZEMBER, abends: Licht und Dunkelheit befehden sich ausdauernder. Der Wald ist immer betörend. Immer. Selbst an diesem minimalistischen Abend, an dem die Luft eine feuchte Weichheit und die Farbe von Milch hat. Sicher, es gibt keinen hübschen Vogelgesang, keine süßen kleinen Blumen ... aber es gibt das stetige Mondlicht der Birkenrinde, den Lichtkranz um den Schweif des Grauhörnchens, das erschreckend kalte Zinngrau der Buchenrinde.

Es gibt neun ausgewachsene Buchen in Cockshutt, und ich vermute, einst waren es noch mehr. Der altbritische Name von Hereford war *Caerffawydd*, »Stadt der Buchen«.

JANUAR

Kernholz

Cockshutt, ein Wald, den die Armut gerettet hat – ein bescheidener englischer Wald – das Verpflanzen von Eschen – »Über Erlen« – Altwerden – der Holunder und sein übler Ruf – ein Sturm – Rotkehlchengesang – »ein echter Wald – mit Blut« – der Fuchsbau – Bingelkraut, ein Anzeichen für alte Waldgebiete

1. JANUAR: Im Winter hat niemand Interesse an den trostlosen Wäldern, deshalb bin ich allein auf dem Wanderweg im Wald oberhalb der Kirche von Orcop. Auf der Landstraße weiter unten spazieren kleine Gruppen bunt gekleideter Menschen in der munteren Gangart von Wochenendausflüglern, die sich bewusst amüsieren wollen. Lachen dringt zu mir herauf.

Die lokalen Wälder schmiegen sich um Bäche oder kleben auf Berggipfeln – an Stellen, die für Pflug und Mähbalken unzugänglich sind. Der Old Hall Wood ist zu steil, Cockshutt, auf der anderen Talseite, zu nass: ein Wald, dem mangels Drainage die Axt erspart blieb.

Die Landschaft fließt um mich herum, hügelig, aber nicht aktiv feindselig.

West Herefordshire ist ein eigenes Land. Dicht an den Bergen von Wales, begrenzt vom üppigen Flusslauf des Wye, ein Ort für sich, ein Kompromiss zwischen Mensch und Natur.

Rotkehlchengesang prallt von Baum zu Baum wie eine Flipperkugel.

Von hier oben aus sehe ich meinen Wald, Cockshutt, im Zusammenhang. Größer als ein Wäldchen. Aber kleiner als ein alles beherrschender Urwald. Ein bescheidener englischer Wald, beschließe ich. Die beste Art von Wald.

2. JANUAR: Frost glitzert im blauen Himmel; ich trage Strohballen zu den Schweinen, um sie zu wärmen. Venus und Mars ganz klar. Rotdrosseln mit ihren erdbeerfleckigen Flanken zwitschern in den Haselsträuchern hinter dem Teich.

Bis ich den Schweinen ihr Bett bereitet habe, steht der Mond zwischen den Bäumen; heute Abend verteidigen die Äste den Wald, versuchen seine Geheimnisse zu wahren.

Ich bringe einen unbeabsichtigten Kalauer bei Lavender an, dem schlappohrigen Welsh-Schwein – »Es wirklich schweinemäßig dunkel heute, oder?« Sie schnaubt entnervt.

Old Brown fängt an zu rufen; es ist ungefähr vier Uhr nachmittags. Er sitzt gern auf dem eleganten Kastanienbaum gleich hinter dem Waldrand. (Die Römer haben die Esskastanie eingeführt. »Was haben die Römer je für uns getan?« Sie haben die Esskastanie eingeführt.) Der Waldkauz trägt seinen englischen Namen *tawny owl*, gelbbraune Eule, zu Recht – er ist tatsächlich braun, aber so gemustert und gesprenkelt, dass er den Stämmen und Ästen seines Waldreviers gleicht. Die Leute bei uns auf dem Land nannten ihn deshalb früher auch »Waldeule« oder »Bucheneule«. Heute Abend tarnt sich Old Brown als knubbeliger abgebrochener Ast.

Plötzlich ist Old Brown im freien Fall; er öffnet seine Schwingen erst in der letzten Nanosekunde, um den Aufprall abzufangen. Ich kann seinen Fang nicht sehen; es ist zu dämmrig, und er verschlingt ihn schnell.

Jetzt stehe ich am höchsten Punkt des Waldes: Wenn ich auf den Holzstapel klettere, kann ich die roten Lichter des Fernsehsendemastes in Checkley sehen; mein geistiges Gravitationszentrum, den Dreh- und Angelpunkt, um den herum ich meine ersten Lebensjahre verbracht habe. Den Ort, den ich nie verlasse, egal, wo ich bin.

Nachts scheinen die Waldbäume nach vorn zu greifen; Schatten zerbrechen und bilden sich neu, schießen davon, halten inne. Die Lichter der Cottages von Garway hängen in der Luft.

Durch das Drahtgeflecht der Zweige betrachte ich die Sterne: Ich beschließe, dass ich ihre Namen, ihre Sprache erlernen muss, ihren Morsecode. Zurzeit ist das Einzige, wozu ich in der Lage bin, sie wie Punkte zu verbinden.

3. JANUAR: Mitten am Nachmittag. Die Stille eines Waldes ist ansteckend, wie die einer Kirche.

Die Schafe liegen mit den Köpfen zwischen den Vorderpfoten da, wie es Hunde zu tun pflegen. Normalerweise blöken sie. Heute nicht. Ich verstehe ihren Wink und öffne nicht den Mund, um sie zu rufen. Ein Rotkehlchen singt ein Solo, aber seine Stimme betont die heilige Stille nur.

Ich habe zehn Hebridean-Schafe mit Maschendraht eingesperrt, den ich mit der unvermeidlichen Ballenschnur an Bäumen festgebunden habe. Die kleinen, schwarzen, primitiven Hebrideans ernähren sich – und gedeihen sogar – von einer eisernen Ration aus Brombeerblättern, ähnlich wie überwinterndes Rotwild. Sie sind Brombeervernichter mit Hörnern. Wo Brombeeren wachsen, wächst kaum etwas anderes.

Ich lege eine letzte Lichtung an, ungefähr tausend Quadratmeter in der Nähe des höchsten Punkts von Cockshutt, schmal wie ein Schwert zwischen den Eichen. Als wir ankamen, gab es keine Vielfalt im Wald – er bestand aus einem unendlichen Meer aus

Dornengestrüpp, das um die Bäume brandete, bis auf die kahlen Flächen unter Buchen und Nadelbäumen.

5. JANUAR: Waldarbeit. Ich verpflanze Eschen, »Heister« und Sämlinge, vom Ufer der Schlucht an die grasigen Hänge unter dem alten Reitweg. Manchmal brauchen selbst die gesündesten Bäume menschliche Hilfe zum Überleben; die Sämlinge standen dichter, als ihnen guttat.

Die Esche hat ihre Bedeutung für die Menschheit verloren. Im frühen 19. Jahrhundert erklärte ein britischer Farmer: »Wir könnten kaum einen Wagen, einen Karren, eine Kutsche, eine Schubkarre, einen Pflug, eine Egge, einen Spaten, eine Axt oder einen Hammer haben, wenn wir keine Esche hätten. Sie liefert uns Stangen für Hopfen, Gatter zum Einpferchen unserer Schafe und Fassbänder für unsere Waschzuber.«

John Evelyn führt in seinem Buch *Sylva* noch mehr Verwendungen für Esche auf:

Sie dient … dem Gelehrten, der die innere Rinde nutzte, um darauf zu schreiben, vor der Erfindung von Papier &c. Dem Tischler, dem Stellmacher, dem Wagenbauer für Pflüge, Achsen, Wagenräder, Eggen, Eggenbalken, für die besten Blöcke für Seilrollen und Taljen, wie die Seeleute sie nennen; zum Trocknen von Heringen, da kommt kein Holz diesem gleich, und die Rinde dient zum Lohen der Netze; und sie ist, wie die Ulme, wegen der gleichen Eigenschaft (nicht zum Splittern und Schuppen zu neigen) hervorragend für Nuten und Zapflöcher. Auch für den Küfer, den Drechsler und den Strohdecker: Nichts kommt ihr gleich für unsere Palisadenhecken, Hopfengärten, Masten und Spieren, Griffe, Stiele für Werkzeug, Spatenstiele &c. Kurzum: Der Landmann kann nicht

ohne Esche auskommen für seine Karren, Leitern und an-
deres Gerät, von der Pike bis zu Pflug, Speer und Bogen; denn
aus Esche waren sie früher gemacht, und sie wurde so zu jenen
Hölzern gerechnet, die nach langer Spannung eine natürliche
Sprungkraft haben und ihre Lage wieder einnehmen; deshalb
ist dies Holz in Krieg und Frieden höchst gesucht.

Dieser »nützliche und gewinnbringende Baum« lieferte außerdem
»den süßesten unserer Wald-Brennstoffe – und den für Damen-
gemächer angemessensten«, während seine Blätter im Winter dem
Vieh Labsal boten.

Die alten Ägypter importierten schon im zweiten Jahrtausend
vor Christus Eschenholz aus Europa, um Räder herzustellen.

Ich verteile Eschen im ganzen Wald, in der Hoffnung, dass ein
paar von ihnen entgegen aller Wahrscheinlichkeit dem Eschen-
triebsterben, das von dem Pilz *Chalara fraxinea* verursacht wird,
widerstehen. Dass Großbritanniens 80 Millionen Eschen nicht das
Schicksal der Ulmen erleiden werden, deren Untergang die von
John Constable geliebten Landschaften verwandelt hat.

Der französische Marschall Hubert Lyautey (1854–1934) bat seinen Gärtner einst, einen Baum zu pflanzen. Der Gärtner wandte
ein, Bäume wüchsen langsam und es werde hundert Jahre dauern,
bis der Baum ausgewachsen sei. Der alte Soldat erwiderte: »In diesem Fall haben wir keine Zeit zu verlieren; pflanzen Sie ihn noch
heute Nachmittag.«

Über Erlen: Es gibt vier ausgewachsene Erlen im Wald und sechs
auf der Schweinekoppel, alle mit einem Umfang von sechs Metern. Wie die topografische Karte des britischen Vermessungsam-
tes von 1903 bestätigt, gehörte diese Koppel ursprünglich zum

Wald, aber nun stehen nur noch die Erlen. Sie sind alle zu hydra-
köpfigen Riesen von jeweils acht, neun, zehn Stämmlingen gekappt.

Die Erlen bilden eine Ehrengarde für das torfige Bächlein. Erlen lieben die geheimen, morastigen Stellen. Durch die schwarze,
suppende Erde zwischen den Koppelerlen zu schmatzen, fühlt sich
an, als beträte man einen Druidenhain.

Wie die Esche ist die Erle ein Baum alter Zeiten. John Evelyn
schwärmte geradezu von ihr:

*Und, wie einst, sind auch heute ausgewachsene Erlen oft ge-
sucht, für Bauten, die ständig unter Wasser liegen, wo sie hart
werden wie echter Stein … die Erle wurde unter dieser be-
rühmten Brücke in Venedig, der Rialto, verwendet, die den
Canal Grande überspannt und ein riesenhaftes Gewicht trägt.
Jos. Bauhimus [sic] behauptet, dass sie sich im Lauf der Zeit
in Stein verwandle; was vielleicht scheinbar der Fall ist (wie
bei anderen Wasserpflanzen), wenn sie auf eine versteinernde
Qualität in der Erde und im Wasser trifft.*

*Erlenruten sind so nützlich wie die der Weide, aber ihre Koh-
le übertrifft jene bei Weitem, vor allem für Schießpulver: Das
Holz ist ebenfalls nützlich für Pfähle, Pumpen, Hopfenstan-
gen, Wasserleitungen, Tröge, Siele, kleine Tragebretter und
Holzteller, Holzsohlen; die Rinde ist den Färbern teuer, und
einige Gerber und Lederbereiter verwenden sie; und aus ihr
und den Früchten (anstelle von Galläpfeln) bereiten sie eine
Tinte zu. Allein die frischen Blätter, aufgelegt auf die nackte
Sohle des Fußes, erfrischen den wund gelaufenen Wanderer
unendlich. Die in Wasser eingeweichte Rinde ergibt, mit ein
wenig Eisenrost, eine schwarze Farbe, die sich auch als Tinte
verwenden lässt.*

Farbe aus Erlenblüten färbte Robin Hoods Gewänder grün.

Die Erlen von Cockshutt, die ungefähr zweihundert Jahre alt sind, wurden vielleicht für die lokale Bauwirtschaft angepflanzt. Wahrscheinlicher ist, dass sie Feuerholz für die Kalköfen an der Straße nach Bagwyllidiart lieferten. (Ein unaussprechlicher walisischer Name, übrig geblieben aus den Zeiten, als dies umstrittenes Land war: Für die Einheimischen heißt er einfach »Baggy«. Zur Belustigung meiner Freunde war die erste Person, die korrekt »Bag-ill-id-ii-art« aussprechen konnte, meine Frau. Die aus London stammt.)

Die Römer waren diejenigen, die das Brennen von Kalkstein zur Herstellung von Kalk als Hauptzutat für Mörtel, Zement, Gips, Putz und Wandfarbe einführten. Im Mittelalter stieg die Nachfrage nach Kalk, weil immer mehr Burgen, Stadtmauern und Kirchenbauten errichtet wurden. Hauswände wurden gekalkt, um sie wasserfest zu machen und um die Innenräume zu schmücken, aufzuhellen und zu desinfizieren.

Kalköfen wurden auch zunehmend zur Herstellung von Kalk für die Landwirtschaft genutzt. Als Zugabe zu sauren Böden wie dem roten Devon-Sandstein von Herefordshire lockerte Kalk den Tonboden, machte das Gras »süßer«, unterdrückte Unkräuter und schützte das Vieh vor Huffäule.

Ach, Kalk: das Allheilmittel auf der langen Liste angeblicher Allheilmittel, die den Bauern verkauft wurden. Der Werbeslogan für Landwirtschaftskalk lautete »Gib dem Land Leben«. Zuletzt lernten die Bauern aber auch die schmerzliche Redensart »Kalk macht den Vater reich, aber den Sohn arm«. Die Bodenverbesserung durch Kalk war nur vorübergehend, was bedeutete, dass immer mehr davon gebraucht wurde, um die Produktivität aufrechtzuerhalten.

Bauern mit größeren Ländereien hatten eigene Kalköfen und brannten Kalk für andere. Das hatte seinen Preis. Cockshutt und die übrigen lokalen Wälder lieferten den Brennstoff (möglicherweise vorab zu Holzkohle verarbeitet); der Kalkstein, oder die Kreide, stammte aus dem fünfzehn Kilometer entfernten Woolhope.

Aus jeweils zwei Tonnen Kalkstein wurde eine Tonne Kalk gebrannt. Die Kalköfen erlebten ihren Niedergang gegen Ende des 19. Jahrhunderts, als der aufhaltsame Aufstieg chemisch produzierter Dünger begann.

Der Kalkofen an der Landstraße, der in die Böschung gebaut ist, ist ein Schachtofen mit groben, gedrungenen Steinkammern, die kreisrunde Löcher bilden. Inzwischen sind sie voll mit leeren Getränkedosen.

Woher weiß ich, wie alt die Erlen sind? Man muss einen Baum nicht fällen und die Jahresringe zählen, um sein Alter zu ermitteln. Das geht auch nichtinvasiv.

Zunächst muss die Baumart ermittelt werden, dann misst man den Umfang in Brusthöhe mit einem Maßband. Man dividiert den Umfang durch 3,14 (Pi), um den Durchmesser in Zentimetern zu ermitteln. Diesen Durchmesser multipliziert man mit den unten für verschiedene Baumarten angegebenen Faktoren (der durchschnittlichen Wachstumsrate) um das ungefähre Alter eines Baumes herauszufinden.

Erle – 2,0 x Durchmesser in cm
Birke – 2,0 x Durchmesser in cm
Esche – 1,6 x Durchmesser in cm
Kirsche – 2,0 x Durchmesser in cm
Eiche – 2,0 x Durchmesser in cm
Ulme – 1,6 x Durchmesser in cm

Der verstorbene Dendrologe Alan Mitchell hat eine noch einfachere Regel gefunden, die für die meisten Bäume gilt: Im Wald, wo scharfe Konkurrenz um Licht, Raum und Nahrung herrscht, wächst der Umfang eines Baumes im Durchschnitt um einen Zoll pro Jahr, also 2,5 Zentimeter. Bäume in Parks und Gärten wachsen schneller und stärker; sie gehen in die Breite wie ein Sultan, der auf seinem Diwan türkischen Honig isst. Ein Baum im Wald mit einem Umfang von zweieinhalb Metern ist also ungefähr hundert Jahre alt – ein gleich dicker frei stehender Baum könnte nur fünfzig Jahre alt sein. Es gibt Ausnahmen zu Mitchells allgemeiner Regel für das Alter eines Baumes: Die meisten jungen Bäume wachsen schnell; bei sehr alten Bäumen sinkt die Wachstumsrate deutlich. Bei bestimmten Arten, wie Cockshutts Küstenmammutbaum, beträgt das normale Wachstum fünf bis sieben Zentimeter pro Jahr.

Bäume vermessen macht süchtig. Der erste fleißige Baumvermesser war John Claudius Loudon, dessen beeindruckendes achtbändiges Werk *Arboretum et Fruticetum Britannicum* (1834–1837) uns mehr als fünfhundert historische Baumdaten liefert. Zwischen 1880 und 1894 vermaß Robert Hutchison fast tausend Bäume, vor allem in Schottland, und mehr als 3 500 Datensätze sind in den Bänden von *The Trees of Great Britain and Ireland* von Elwes und Henry (1906–1913) verzeichnet. Die moderne Baumvermessung erreichte ihren Höhepunkt mit Alan Mitchell, der zwischen 1953 und 1995 mehr als hunderttausend Bäume registrierte und das *Tree Register of the British Isles* mitbegründete.

Die Bäume von Cockshutt wurden schon vor dem 18. Jahrhundert für industrielle Zwecke abgeholzt. Während der römischen Besatzung lieferten die Wälder des Gerichtsbezirks Wormelow, zu dem Cockshutt gehörte, riesige Mengen von Holz zum Schmelzen von Eisenerz, das die Römer aus dem Forest of Dean holten. Es gab Schmieden in St. Weonards, gleich hinter dem Berg. (Wenn man im Bergland lebt, ist alles hinter dem Berg.)

7. JANUAR: Mildes Wetter. Wintermücken zappeln nervtötend um mein Gesicht, während ich Ahornsämlinge entferne und so ein willkommenes Gefühl von Freiraum am Rand der Schlucht schaffe.

Dann fängt es an zu regnen. Meine Werkzeuge bestehen aus einer Axt, einem normalen Haken, einem Haumesser, einer Bügelsäge und einer Astschere. Ich wähle sie aus wie ein Chirurg im Operationssaal seine Instrumente, und auch ich trage Gummihandschuhe – meine sind allerdings gelbe Spülhandschuhe. Damit die Werkzeuge mir nicht aus der Hand gleiten.

Jedes Mal, wenn ich einen Baum absäge, fallen Regentropfen von den Zweigen. Wie Tränen.

Bäume: Man weiß nie wirklich, was sie denken. Wie John Stewart Collis, ein Naturforscher, Bauer und früher Umweltschützer der 1940er-Jahre, beobachtete: »Bäume sind wahrhaftig Lebewesen. Wir spüren das. Deshalb bringt uns ihr Schweigen, ihre Gleichgültigkeit gegen uns beinahe zur Verzweiflung. Wir möchten mit ihnen reden, sie nach ihrer Botschaft fragen, denn sie scheinen irgendeine geheime Wahrheit, ein besonderes Geheimnis zu besitzen – und obwohl wir manchmal ihren Segen empfangen, antworten sie nicht.«

Ich bin von einem Trupp Bäume umgeben, der im Regen unter dem schwarzen Himmel plötzlich bösartig wirkt. Zeit zu gehen.

Dann sprach ich zu dem Baum:
Wärst du dein eig'ner Traum,
Was wärest du denn dann?
Der Baum so zu mir sprach:
Ich bin mein eigener Traum;
Ich bin, was ich sein mag.

Isaac Rosenberg

8. JANUAR: Mit Ausnahme der oben gekappten Wünschelruteneiche sind die Eichen von Cockshutt einheitlich hoch und gerade, und keine hat einen Stamm, der dicker wäre als ein Mensch. Nur die Wünschelruteneiche ist ein Riese.

Am Nachmittag ein träger Himmel, flechtengrau, von der gleichen Farbe wie die Eichen.

Der Abend naht, als ich aufbreche. Hoch oben in der letzten Eiche *kuu-wickt* ein weiblicher Waldkauz – ein beiläufiges Kratzgeräusch, wie das Öffnen eines Gartentors aus Metall. Das ist ihr Kontaktruf, und er wird zur auditiven Grammatik der Nacht in Cockshutt Wood, ein kontinuierliches Komma. Old Brown hat eine neue Gefährtin.

Die Waldschnepfen sind zurück. Der Wald atmet Vögel, ein und aus.

Waldschnepfen dösen tagsüber und kommen abends zum Fressen heraus, wobei sie mit ihren langen Schnäbeln den feuchten Schluchtboden durchstochern. Würmer und andere Bodenlebewesen erkennen sie mit den empfindlichen Nerven an ihrer Schnabelspitze. Manchmal schleichen sie sich heraus, solange es noch hell ist. So wie heute. Ich habe sie gesehen.

10. JANUAR: Sehr mildes Wetter, aber an der Nordseite des Waldes ertönt die schwarze Stimme einer Krähe. Die Judasohren haben eine Inflation erlebt – vierhundert von ihnen, zwischen knopf- und schweineohrgroß, wachsen auf dem Holunder am Zaunübertritt.

Mit seinem gerieften Stamm und seiner Neigung zum Herumhängen ist ein Holunderstrauch keine Schönheit. Aber diese hölzerne Hässlichkeit bringt im Frühsommer üppige weiße Blüten hervor, die ein Fest für Augen und Nase sind.

Der Holunder gedeiht fast überall, allerdings mag er stickstoffgesättigte Böden am liebsten. Eine Art Beweis dafür: Der Holunder am Zaunübertritt wächst genau auf dem rosafarbenen Lehmhügel (den Resten des Wurzelstrunks einer vor Ewigkeiten umgestürzten Stechpalme), den die Kaninchen als Ausguck benutzen und mit ihren Kötteln überkrustet haben.

Die grausamen Volksnamen, die der Holunder bei uns trägt, »Judasbaum« oder »Teufelsholz«, spiegeln den Glauben wider, dass Judas sich an einem Holunderbaum erhängt habe. Dies ist das Holz des Teufels, und wenn man es in Warwickshire verbrennt, sieht man Luzifer persönlich im Kamin heruntergleiten. Die Schotten und andere Volksstämme waren der Auffassung, das Kreuz von Golgatha habe aus Holunderholz bestanden, was es schrecklicherweise zum Symbol von Tod *und* Trauer macht:

Hollerbaum, Hollerbaum, krummer Spross,
Bist nie grad und bist nie groß,
Wirst nie Baum, ein Busch musst bleiben,
weil unser Herr musst an dir leiden.

Der üble Ruf, der dem Holunder anhaftet, entstammt zum Teil auch seiner Angewohnheit, die Bauern des dunklen Mittelalters umzubringen, während sie in ihren Bruchbuden fröstelten. Holunderholz gibt beim Verbrennen Zyanid ab.

Sambucus nigra hat hartes Holz, aber hohle Stängel, die in längst vergangenen Zeiten als einfaches Rohmaterial für Flöten, Pfeifen und Blasrohre dienten. Etymologisch ist sein englischer Name *elder* möglicherweise vom altenglischen *æld*, »Feuer«, abgeleitet, weil man mit Holunderzweigen wedelte, um kleine Flammen anzufachen. Vom lateinischen Namen, so vermuten Experten, stammt auch ein Musikinstrument namens *sambuca* ab, das aus Holunderholz gefertigt wurde.

Der arme Holunder. Seine Kindheit ist grün und viel zu kurz;

er erlebt keine Jugend, keine wilden Zwanziger, keine knackigen Dreißiger – er wechselt direkt ins runzelige, krummknochige hohe Alter, hängt jahrzehntelang ungeliebt herum und verliert seine Rinde an eine holzige Schuppenflechte.

Der Holunder ist ein trauriger Baum. Collis fand ihn »hoffnungslos plebejisch« – ein Busch, der sich als Baum ausgibt; ein Baum, der es nicht schafft, Busch zu sein.

13. JANUAR: Letzte Nacht ist Schnee gefallen und gefroren.

Ich wache in einem weißen Paradies auf.

Schnee hebt die üblichen Lebensregeln auf; Schneetage sind Feiertage.

Im Wald: Senkrechte Schneestreifen an den Nordseiten der Bäume. Und Hirschspuren auf dem waagerechten Weg. Ein Wald existiert in mehreren Dimensionen.

Ich folge den Vertiefungen im Schnee, vorangelockt von der Hoffnung, den Hirsch zu erspähen, aber die Spuren traben von Cockshutt weg, über das Weizenfeld des Nachbarn hinaus in die arktische Ferne, wahrscheinlich zum Hole Wood. In diesem Wald, der sich wie eine schwarze Zwölf-Hektar-Decke ins Tal schmiegt, habe ich Damhirsche blöken hören.

Zurück in Cockshutt. Zehn Amseln haben einen Schwarm gebildet, die größte Ansammlung dieser Art, die ich je gesehen habe. Sie kreischen grimmig im Wald herum wie empörte Ajatollahs.

Der Schnee dämpft die Hitzigkeit der brünstigen Tiere kaum: Zwei Grauhörnchen treiben es ungeniert auf der Hohen Eiche. Gestern habe ich das Fuchspaar eng umschlungen ertappt. »*Dogging*« könnte man das nennen.

Der Fuchs ist Großbritanniens einziges wildes Mitglied der Hundefamilie; seit Zehntausenden von Jahren lebt er hier. Er hat sich während der Eiszeit auf den Britischen Inseln angesiedelt und teilte sein Revier ursprünglich mit Mammuts und Säbelzahnkatzen. Insofern war ich der Eindringling in der »Szene«.

14. JANUAR, am Nachmittag: Die Ferkel sind am Bach in der Schlucht. Ich betrachte sie als Haustiere; sie betrachten sich bestimmt als wild. Eine Frage der Wahrnehmung.

Ich umfasse das Gesicht einer der Large-Black-Sauen, hebe ihre Ohren hoch und schaue ihr in die braunen Augen. Ihre Intelligenz ist wahrnehmbar. Schweine leiden am Locked-in-Syndrom. Sie haben Gedanken, können sie aber nicht in Worte fassen.

Ein Rabe fliegt über mich hinweg, ungesehen, aber am besonderen Klang seiner Flügel erkennbar: eine schnalzende Peitsche, ein sausender Stock.

15. JANUAR: Am Morgen stürmt es, und ich stehe im Zentrum von Cockshutt, das schwankt wie das Deck eines Schoners vor Kap Hoorn.

Holz splittert; Brandung tost durch die Krähennester; Geißblattranken quietschen.

Windstärke zehn. Der Wind liefert so viel Sauerstoff, dass ich kaum atmen kann.

Wir klammern uns fest, ich und die begeisterten Bäume.

Aber das Hämmern von Wind und Regen treibt die Vögel aus dem Wald, reißt die Amseln fort. Eine schlägt einen Purzelbaum, gleich darauf noch einen, wie ein schwarzes Taschentuch im Wäschetrockner.

Schon am Nachmittag sehnt sich der Wind nach seiner früheren Stärke.

16. JANUAR: Schmelzwasserbeladen schießt der Bach schneller durch die Schlucht und über die Koppel, als ein Mensch gehen

kann; unten ist er zu einem kleinen See übergelaufen. Die Erlen ragen aus dem Wasser wie die Masten gesunkener Schiffe in der Sargassosee.

Seltsam: Die alten Karten zeigen, dass dieser neue See genau dort entstanden ist, wo der Teich war, bevor er in den 1950er-Jahren trockengelegt und tiefer in den Wald verlagert wurde, indem man die Schlucht mit grob gegossenen Betonblöcken aufstaute.

Darf ich vorstellen? Der neue Teich, identisch mit dem ursprünglichen Teich.

Der Wind pflügt lange Furchen in die Fluten. Der gleiche Wind trägt das Blöken eingeschlossener Schafe und das klägliche *Piiau* kreisender Bussarde aus dem Nachbartal herüber.

In der flachen Morgensonne glänzt das Hochwasser silbern wie das Meer. Obwohl der Überflutungsteich erst seit wenigen Stunden existiert, segeln drei Stockenten darauf herum; sie kreuzen gegen den Wind. Ein exquisites Bild.

Die Vögel wecken eine plötzliche Erinnerung: an den Jardin des Tuileries in Paris, wo unsere Kinder mit Holzschiffen auf dem Teich spielten.

Hinter dem Interimsteich zieht ein Turmfalke Bahnen über den Winterkohl, gleitet in kleinen Kurven vorwärts und hält dann inne, um den Boden in betäubte Unterwerfung zu fächeln.

Schwanzmeisen arbeiten sich durch die Haselbüsche der Hecke und zwitschern dabei, winzige gefiederte Windspiele.

Ich komme bis auf zwölf Meter an die Enten heran, bevor sie verschreckt in den Wind emporsteigen, beinahe per Senkrechtstart.

Auf dem Wasser bleibt zurück: eine dümpelnde, üppige Woge aus Haselnüssen. Wo kommen sie her? Waren sie der gehortete Schatz eines Eichelhähers, von den Fluten geraubt? Die unverkennbaren Spuren eines Grauhörnchens im Schlamm – zwei gro-

ße Pfoten gefolgt von zwei kleinen, regelmäßig wie ein Kartoffel-
druck – zeigen, dass es sich an diesem unerwarteten Geschenk
bedient hat. Grauhörnchen halten keinen richtigen Winterschlaf.
Sie ruhen oben in einem Kobel, den ich noch nicht entdeckt habe,
träge wie Faultiere.

Der Himmel wird düster. Aber unter der Hecke hat sich ein
einzelnes Schneeglöckchen durch die Erde geschoben und ist aufgeblüht. Wenn Schneeglöckchen auftauchen, muss die Erde gerade erwachen. Keine andere Wildblume ist so rein, so ätherisch, so
keusch wie diese weiße Blüte.

Wie das Schneeglöckchen nach Großbritannien kam, weiß niemand; erst im 18. Jahrhundert wurde es als Wildblume anerkannt,
und nur hier im Westen gedeiht es von Natur aus in Wäldern und
Hecken.

Wie dem auch sei – das Schneeglöckchen verkündet, dass der
Winter nicht ewig dauern wird.

17. JANUAR, 9 Uhr morgens: Der Wald ist erfüllt von den traurigen Selbstgesprächen der Rotkehlchen und von Regen. Die Töne
des Vogelgesangs tröpfeln mit dem Wasser herab.

Kügelchen aus Regen hängen den Spitzen der Zweige; Elfen-
lichter.

Mittags gehe ich gezielt zum Jagen und Sammeln in den Wald,
um zu sehen, was dort den Magen ebenso nähren könnte wie die
Seele. Ich schieße eine Siesta haltende Ringeltaube auf der Lärche,
mit der Schrotflinte Kaliber .410. Der Pulvergeruch hängt eine Ewigkeit in der Luft.

Ich betreibe Landwirtschaft zugunsten der Wildtiere. Könnten Wildtiere mich nicht im Gegenzug mit Essen versorgen? Wäre das nicht angemessen? Oder zumindest eine faire Abmachung
mit der Natur?

Nun ist dies ein echter Wald – mit Blut.

Ringeltauben. Wegen ihrer weiten Verbreitung vergisst man, dass sie Waldvögel sind. Im Gegensatz zu vielen anderen einheimischen Vögeln sind sie echte Pflanzenfresser und haben einen Kropf, wie Fasane. Sie sind Weidetiere und suchen ihre Nahrung in natürlichen Wäldern am Boden von Lichtungen; im Herbst sind sie scharf auf Eicheln.

Ein Reiher rudert am Himmel vorbei. Wie ein Schuldirektor hat er einen scharfen Blick für Missetäter. Der Reiher krächzt einen Alarm. Ein Buchfink stürzt sich in den Schutzraum eines Weißdornbusches.

Im ganzen Wald schießen Zinnoberrote Prachtbecherlinge aus dem Boden. Es ist ein gutes Jahr für *Sarcoscypha coccinea*, einen Pilz, der scharf in Öl angebraten ganz passabel schmeckt. In vergangenen Zeiten benutzte man seine Fruchtkörper auch als Tischschmuck.

Schnecken mögen sie auch.

Die Kaninchen in ihrem Winterfell haben ihren Hunger gestillt, indem sie an der Rinde der Lärchen nagten. Heute wagen sie sich nicht aus ihrem Bau. Irgendeine Form von Vorahnung, über den Äther oder in ihrer DNA, hat sie vor dem Mann mit der Flinte gewarnt.

In den Tannen ganz oben im Wald hängt eine Voliere voller Gezwitscher: Wintergoldhähnchen.

Auf dem Rückweg trifft mich die unerschütterliche Ruhe der Bäume, aber auch ihre Ortsgebundenheit; meine Beweglichkeit wird mir nie stärker bewusst, als wenn ich an einem Baum vorbeikomme. Ich lasse sie hinter mir.

Nein, sie lassen mich hinter sich: Ein Baum kann tausend Jahre oder länger leben. Ich? Ein paar Jahrzehnte lang, wenn ich Glück habe und brav bin. (Die Fortingall-Eibe auf dem Kirchhof des schottischen Dorfs Fortingall ist über dreitausend Jahre alt.) Ich schaffe es vielleicht nur einen Tag über die vier Jahrzehnte hinaus, die ich bereits erlangt habe.

Als der Tag zu Ende geht, reduziert das flache Winterlicht die Bäume auf kahle Knochengerüste, und es gibt nichts als Einsamkeit und den Geruch von Verwesung.

19. JANUAR: Das Rauschen von Wind in den Fichten. Ein urzeitliches Geräusch: Die ersten Nadelbäume tauchten im Perm-Zeitalter auf, noch vor den Dinosauriern. Wenn der Wind durch die Fichten weht, hört man die Welt vor dreihundert Millionen Jahren.

Nadelbäume gedeihen unter Bedingungen, die für Blütenpflanzen schwierig sind. Sie zeigen schlechten Boden an, ein ebenso sicheres Zeichen für Armut wie zerschlissene Kleidung oder löchrige Schuhe. Auf gutem Boden werden Fichten oft von Bedecktsamern verdrängt – Bäumen, deren reifer Samen von einer Frucht umschlossen wird. Mit anderen Worten: von Laubbäumen mit hartem Holz. »Konifere« bedeutet »Zapfenträger«. Alle Zapfen sind entweder männlich oder weiblich, niemals Zwitter.

In der Natur weiß man nie, was man findet. Nichts ist sicher. Vor allem in einem Wald. In manchen Jahren produzieren die Buchen keine Mast, und einmal ist der Besuch der Waldschnepfen ausgeblieben.

Birkenzweige wurden traditionell für Bestrafungen verwendet. Ich laufe in einen vom Wind halb abgerissenen Zweig hinein, der mir das Gesicht zerkratzt. Im Sterben haben Bäume die Fähigkeit, eine neue Form anzunehmen. Also die Fähigkeit, uns zu überraschen.

Haselkätzchen pendeln sanft an den Zweigen und verfärben

sich von Zitronengelb zu Limettengrün, während sich der Blütenstaub entwickelt.

21. JANUAR: Der Tag neigt sich dem Ende zu, und es ist eiskalt. Nebel klammert sich an den Boden, so dicht, dass keine Grenzlinien zwischen Teich, Wald, Himmel zu erkennen sind.

Geduckt hocke ich neben dem Teich, das Wasser ist kohlschwarz. Ich warte. Gestern habe ich seltsamen, widerwärtigen Vogelkot am Ufer entdeckt.

Hoch oben in der Eiche, über der Nebelgrenze, pfeift das Rotkehlchen; die unten lebende Amsel erstickt in Lautlosigkeit.

Ich höre das Tröten anfliegender Gänse, und meine schlimmsten Ängste bewahrheiten sich. Ein Paar Kanadagänse hat den Teich von Cockshutt entdeckt.

23. JANUAR: Ein schöner Morgen, an dem die Blaumeisen auf zeitiger Haussuche sind. Das Scharbockskraut ist da. Eine junge Singdrossel übt ihre Melodien. Im Sonnenlicht, das flach durch die Lärche fällt, tanzen Wintermücken in ihrem »Lek«, als würden sie an unsichtbaren Gummibändern auf- und abschnellen. Es sind männliche *Trichocera annulata* auf der Suche nach Weibchen.

24. JANUAR: Über Nacht hat sich starker Frost in die Erde gefressen, und ich wandere im Widerhall meiner eigenen vereinzelten Geräusche durch den Wald.

Janus war der doppelgesichtige Gott der Wachsamkeit. Auf meinem Stuhl sitzend blicke ich auf das vergangene Jahr zurück, mit seinen zerbrochenen Bärenklaustängeln und zusammengesackten Brennnesseln, und freue mich auf den Frühling mit seinem grünen Bingelkraut. Und das Wald-Bingelkraut (*Mercurialis perennis*) ist fünf Zentimeter gewachsen.

Später: Ich verbringe eine Stunde damit, den östlichen Waldrand zu erkunden, den langen Graben, aus dem ein Gestank nach Füchsin quillt. Ich folge dem Pfad bis zu ihrem Bau. Füchse sind »Sachensammler«, die gefundene Gegenstände benutzen; der Eingang zu ihrem Bau liegt unter einer dystopischen Deponie aus rostigem Eisen, einem Damenrad, einer Kinderschaukel und Traktorreifen, die ein früherer Bauer vor Jahren mit dem Bagger hier abgeladen hat.

Ihr metallüberdachter Bau liegt am trockenen Ufer, über dem pinkelnden Bächlein, das aus dem Teich heraus- und wieder hineinfließt.

Tauben kommen zum Schlafen nach Hause. Vierzig Stück.

27. JANUAR: Nacht im Winterwald. Mondlicht überzieht die Bäume und schafft endlose Flächen aus Licht und Schatten. Ich höre den Dachs den Weg herunterkommen, bevor ich ihn sehe. Dachse verschlafen Kälteperioden gern und halten Winterruhe statt echtem Winterschlaf, aber diese Regel, lerne ich jetzt, gilt nicht absolut.

Der Dachs hat eine einfache Nahrungsquelle gefunden: übrig gebliebene Getreidepellets in den Schweinetrögen.

Als ich den Waldweg zum ersten Mal beschritt und mit meinem Menschengeruch verseuchte, mieden ihn die Tiere und versuchten, ihren eigenen Parallelpfad zu schaffen. Nach ungefähr drei Monaten war ich ihnen so vertraut wie Erde, Himmel und Wasser, und sie kehrten auf ihren alten Weg zurück.

28. JANUAR: Die Kälte hält immer noch an.

Wind kräuselt den Teich zu scharfen Wellen und lässt die Gänse auf- und abwippen.

Ich verbringe den Morgen damit, Haselsträucher auf den Stock zu setzen; armschmerzende Arbeit mit der Bügelsäge.

Gehölze auf den Stock zu setzen ist eine Frage des richtigen Zeitpunkts. Zu früh gekappt, produziert der Stumpf Triebe, die im Frost nicht verholzen; wird zu spät gekappt, stört man nistende Vögel; außerdem vergeudet der Baum dann kostbare, zum Nachwachsen benötigte Energie für Saft.

Daher also Januar.

Die Haselbüsche von Cockshutt wurden auf den Stock gesetzt, um Stangen für Schafpferche, Blätter als Viehfutter und Bohnenstangen für Gemüsegärten zu gewinnen.

Das Vor-und-zurück-Schaben einer Säge im Wald kommt mir profan vor, als würde etwas Heiliges entweiht, aber es ist eher die Musik der Anteilnahme, der Waldpflege.

Hasel erneuert sich ungewöhnlicherweise aus eigener Kraft und treibt viele gerade Ruten aus dem Stock. Ich habe einen Haselstecken, vor fünfzehn Jahren aus einer Hecke in Abbey Dore geschnitten, mit einer Astgabel am oberen Ende, in die man den Daumen hängen kann. Diesen Stecken benutze ich zum Anlehnen, wenn ich den Schafen zusehe, wie sie friedlich grasen, und um sie zurückzuscheuchen, wenn sie herumstreunen. Er ist mein riesiger Zusatzarm, mit dem ich die Kühe vor mir hertreibe.

Der größte Haselstrauch Großbritanniens liegt von Cockshutt aus gleich hinter dem Berg, in Kentchurch. Er ist acht Meter hoch.

Kleine, leuchtende Sauerkleeblätter tauchen aus dem nasskalten Schluchtufer auf.

Die Blätter des Sauerklees sind perfekte grüne Herzen, meisterhaft aus Jade geschnitzt. Die Blätter sind hypersensibel und beweglich; sie schließen sich, wenn sie hellem Licht ausgesetzt sind, wenn es regnet oder wenn es dunkel wird. (Die hauchzarten Blüten öffnen sich erst im April.)

Auch die herzförmigen Blätter des Duftveilchens schieben das Laub zur Seite. Zwei männliche Grauhörnchen jagen ein Weibchen im Kreis herum; schnalzend springen sie von Ast zu Ast.

Tannenmeisen singen in der Lärche ihr Frühlingslied, eine fließendere, sopranhohe Version des *Zizibä-zizibä* der Kohlmeise.

Im Ökosystem Wald spielt Totholz eine göttliche Rolle. Fäulnis ist gut. In Großbritannien kommen die seltensten und bedrohtesten saproxylischen Wirbellosen (also Tiere, die von totem oder verrottendem Holz leben) in historischen Parks und auf Waldweiden vor. Mehr als zweitausend verschiedene Arten wirbelloser britischer Tierarten sind auf Baumleichen angewiesen.

Deshalb türme ich das Schnittgut zu einem kleinen Hügel aus Zweigen und Ästen auf. Im Wald gibt es noch fünf weitere Stapel aus Holz und Reisig; sie bestehen aus den Resten früherer Auslichtungsarbeiten. Sie alle sind inzwischen von Algen, Moosen, Pilzen, holzfressenden Insekten, Kröten und moskitoähnlichen Insekten namens Trauermücken besiedelt. Diese sind schlechte Flieger und krabbeln zu Hunderten auf den alten Reisighügeln herum. So viele Blaumeisen freuen sich an dieser leichten Beute, dass die Haufen mit blaugelben Edelsteinen geschmückt sind.

30. JANUAR: Zur Abwechslung betrete ich Cockshutt über das Feldtor und den Reitweg und stolpere sofort über ein Tier, für dessen Identität ich meine geistigen Bestimmungsdiagramme durchgehen muss, denn es liegt still und bewegt sich nicht. Irgendein Haustier? Ein Meerschweinchen?

Man ist nicht daran gewöhnt, ein Wildtier direkt vor den eigenen Füßen vorzufinden; das Bündel ist ein Kaninchen mit Myxomatose. Ich hole ein Luftgewehr aus dem Landrover und erlöse das Tierchen von seinem augenblutenden Elend.

Das Kaninchen stammt aus der kleinen Kolonie unter den Dornbüschen auf dem Reitweg; es gibt noch fünf weitere Kaninchenbaue im Wald, alle klein, mit jeweils höchstens zehn erwachsenen Tieren.

31. JANUAR: Der dritte Regentag; die Judasohren sind wieder zu enormer Größe angeschwollen, dreizehn auf neun Zentimeter. Das Wald-Bingelkraut steht acht Zentimeter hoch.

Wald-Bingelkraut ist eine »Zeigerpflanze« für altes Waldland – Wald, der schon seit dem Jahr 1600 existiert. Verschiedene Arten sind Anzeiger dafür, dass ein Stück Land schon mindestens vierhundert Jahre lang kontinuierlich bewaldet war; zu ihnen gehören wirbellose Tiere (beispielsweise Käfer, die von totem und verrottendem Holz leben) und Gefäßpflanzen (im Jargon der Umweltschützer »Weiserpflanzen alter Waldstandorte«), also jene Arten, die vor allem oder ausschließlich in alten Wäldern vorkommen. Einer der Gründe, warum sie dort häufiger sind, ist, dass sie geradezu gletscherartig langsam vordringen und vergleichsweise schlechte Verbreitungsfähigkeiten haben. Von diesen Weiserpflanzen alter Waldstandorte enthält Cockshutt – außer Wald-Bingelkraut – Waldmeister, Berg-Ehrenpreis, Hasenglöckchen, Buschwindröschen, Gegenblättriges Milzkraut.

Den Sauerklee habe ich gepflanzt.

FEBRUAR

Wurzeln

Welcher Baum sich am wärmsten anfühlt – wie Bäume wachsen – Ringeltaubenbalz – meine erste Erinnerung – Edith stirbt – das Hochzeitslied des Buchfinken – Kätzchen – das unterirdische Leben der Bäume – Schafe auf dem Reitweg – der Fuchs – die Jagd auf die Kanadagänse

2. FEBRUAR, 8.15 Uhr morgens: Laut dem Thermometer an der Scheune herrschen zwei Grad minus. Ich fahre die zehn Kilometer nach Osten zum Wald und berühre die Bäume: die Esche, die Buche, die Eiche, die Birke, die Salweide – am wärmsten von allen ist der Holunder, gefolgt von der Lärche.

Am heutigen Datum im Jahr 1787 notierte Gilbert White in Selborne: »Braune Käuzchen … sitzen die ganze Nacht über heulend auf meinen Walnussbäumen. Ihr Ton klingt wie eine schöne vox humana & sehr variabel.« Ein Freund von White war der Meinung, dass Käuze, alle Käuze, in B-Dur riefen.

4. FEBRUAR, auf der Landstraße: Durchs Fenster des Landrovers sehe ich Cockshutts eisenharte Eichen, die sich gegen den Wind stemmten. Ich habe mich besiegen lassen und meine Umzäunungsarbeit aufgegeben, aber die Eichen sind unbeugsam.

In den 1990ern habe ich (nach trägen, trüben Uni-Zeiten) das Schuften wiederentdeckt, indem ich die Tradition der Familie wieder aufnahm – die Landwirtschaft.

Ich bin in der Lage, Arbeit tagelang durchzuziehen, draußen, im Regen. Das kann ich Ihnen versichern. Im Jahr 2001 verbrachte ich auf dem Hügel oberhalb von Abbey Dore in einem wahnsinnigen, unaufhörlichen Platzregen sechs Tage in Folge damit, eine »Schleuse« als Laufweg für Kühe zu bauen. Die Löcher für die Stützen, die aus Eisenbahnschwellen bestanden, liefen mit Wasser voll, bevor ich sie zu Ende gegraben hatte. Ich machte zwanzig Löcher und hievte jede Schwelle von Hand hinein, weil alles so glitschig war, dass die Traktorreifen keinen Halt fanden. Die Querträger, alte Autobahnleitplanken, befestigte ich selbst.

Heute habe ich aufgegeben, mich den Elementen gebeugt. Ich bin Fleisch. Die Bäume sind Holz. Wir sind nicht gleich.

Die Hebridean-Schafe, ebenfalls aus Fleisch und zäh, haben hinter den Eichenstämmen Schutz gesucht wie hinter einem Bollwerk.

Woher kommt das Wachstum von Bäumen? Und wie kann der Stamm dicker werden und dabei kontinuierlich seine Funktion erfüllen?

Das sogenannte Xylem ist pflanzliches Gefäßgewebe, das Wasser und darin gelöste Mineralien von den Wurzeln zum restlichen Baum transportiert und Standfestigkeit liefert. Bäume bilden in jedem Frühjahr einen Ring aus frischem Xylem. Totes Xylem wird zu »Kernholz«, und das jüngere Xylem ringsherum, das weiterhin als Leitungssystem dient (wie beim Centre Pompidou), wird »Splintholz« genannt. Das Kernholz bildet das Rückgrat des Baumes, den Stiel für den Lutscher. Das Alter eines Baumes lässt sich feststellen, indem man die Zahl jährlicher Xylem-Ringe im unteren Bereich des – quer abgesägten – Stammes zählt.

8. FEBRUAR: Die Eulen jagen um sieben Uhr morgens immer noch.

Um acht fange ich an, die westliche Hecke um Cockshutt zu »knicken«, indem ich jeden Stamm bis auf einen Rest von einem guten halben Zentimeter einschneide und ihn dann in einem Winkel von 35 Grad umbiege. Es sind vier Grad minus. Die Morgentöne einer Amsel in der Esche prallen von der weißen Oberfläche des benachbarten Weizenfeldes ab wie flach geworfene Kiesel von einer Wasserfläche.

Aus meinen dick mit Leder umhüllten Händen lasse ich die große Axt fallen. Es folgt kein Plumpsen, stattdessen erklingt die Erde wie das metallische Läuten einer Glocke. Ich lasse die restlichen Henkerswerkzeuge zu Boden gleiten. Kleines Beil, Haumesser, Bogensäge. Die Musik ist atonal, Stockhausen.

Schon um zehn ist mir heiß, mein Gesicht schweißgebadet, und das nicht nur vom Heckenknicken. Der Tag ist warm geworden. Die tauende Erde setzt die Salatdüfte neuen Lebens frei.

Über dem Dickicht hebt und senkt sich ein Ringeltaubenpaar im Flug, seltsam an die Papierflieger erinnernd, die wir in der Schule zu werfen pflegten. Das ist ihr Balzprogramm. Die Leute auf dem Land glaubten, der Valentinstag sei nicht nur für Menschen da; es war der Tag, an dem sich die Vögel verlobten. Geoffrey Chaucer schrieb sein Gedicht »Das Parlament der Vögel« über genau dieses Thema.

Die Liebe zu Vögeln ist etwas sehr Britisches und sehr Altes.

Das Heckenknicken hat einen unerwarteten Vorteil: Man kann in das Allerheiligste dieses linearen Waldstücks spähen, bevor sich der Haremsvorhang der Blätter herabsenkt.

Man sieht das geheime Leben der Hecke. Als ich in den Stamm eines Weißdorns hacke und ihn beinahe, aber nicht ganz kappe, treffe ich mit dem Haumesser auf ein glänzendes Rindenstück, und an der harzigen Klinge bleiben zwei oder drei rotbraune Haare hängen. Ich bin nicht sicher, ob sie von einem Mauswiesel oder einem Hermelin stammen, aber ich habe den Durchgang eines Tiers aus der Marderfamilie gefunden.

Heckenknicken gehört zu jenen Arbeiten, mit denen man sich in den Zeitfluss der ganzen Menschheitsgeschichte begibt. Ich schneide mit einem Haumesser aus Metall am Holz herum; die ersten Bauern der Jungsteinzeit hackten hier mit Krummäxten aus Feuerstein auf wilde Gehölze ein.

Anderes Werkzeug, gleiche schweißtreibende Aktion. Die Szenerie enthält noch ein weiteres uraltes Element. Mensch und Hund. Ich habe Edith dabei, und sie lungert abwechselnd unter der Hecke herum oder legt sich mit matronenhafter Würde in die Sonne.

Ich kenne sie seit dem Augenblick ihrer Geburt. Ich habe gesehen, wie sie in meine Welt trat. Sie war immer der allerschönste schwarze Labrador, äußerlich wie innerlich – so schön, dass sie ohne Weiteres die menschlichen Covergirls der Zeitschrift *Country Life* ersetzen könnte. Tatsächlich lautet ihr voller Name Edith Swannesha, »Edith Schwanenhals«, zu Ehren jener legendären angelsächsischen Schönheit, die mit König Harold verheiratet war.

Aber meine Edith stirbt. Sie hat Krebs, und ich höre ihre Lebenstage herunterticken wie einen Geigerzähler. Tick. Tick. Tick.

Meine erste Erinnerung: Ich sitze als Kleinkind festgeschnallt in einem Kinderwagen, dessen grüner Baldachin die Sonne der 1960-er fernhält. Meine Eltern (so erfahre ich später) sind im Urlaub in

Venedig, und ich bin in der Obhut meiner Großtante und meines Großonkels, Kathy und Willi, die in Llangennith auf der Halbinsel Gower Schafe züchten.

Der Kinderwagen steht auf den Steinplatten vor der Eingangstür ihres (mit Dispersionsfarbe) weiß gekalkten Bauernhofs. Shadow, Willis Schäferhund, schleicht sich neben den Kinderwagen, richtet sich auf und schaut mich an. Dann beißt er mich ins Gesicht.

An jenem Nachmittag hat mich nicht nur ein Hund erwischt, sondern ein Virus: Seit damals liebe ich Hunde und Bauernhöfe.

Das muss ich erklären. Natürlich war es mein Fehler, dass Shadow mich biss; ich hatte ihn provoziert, indem ich ein Schokoladeneis vor seiner Schnauze hin- und herschwenkte. Ich hätte mich auch gebissen.

Shadow war mein Bruder – ich hatte keinen menschlichen und auch keine Schwester –, und an jenem Sommernachmittag in den 1960- er-Jahren lernte ich, ihn wie einen solchen zu behandeln: mit Ehrfurcht. Die moderne Biologie liefert fast monatlich neue Enthüllungen darüber, wie dünn die »Artengrenze« zwischen Tieren und Menschen ist; ich, ihr Herren und Damen aus der Wissenschaft, habe das schon im Kinderwagen gelernt.

Ich glaube, noch am gleichen Nachmittag sah ich, wie Shadow auf ein einziges Kommando von Willi Schafe aus den undeutlichen Ruinen des Schlosses jagte. Ich hielt Willis windgegerbte Hand; durch sie übertrug sich die Zen-Zufriedenheit eines Mannes im Einklang mit seinem Hund, seinem Vieh, seinem Land auf mich. Genau das wollte ich auch. Ich habe immer genau das gewollt.

10. FEBRUAR: Die schwarzen Eichen stehen noch einen weiteren Tag im peitschenden Regen, aufrecht wie die Masten von Marineschiffen. Sie haben sich nicht gebeugt, sie haben nicht nachgegeben.

Edith stirbt, und ich heule.

11. FEBRUAR: Heute Morgen habe ich dem süßen Südwind gelauscht …

12. FEBRUAR: Ein Buchfink singt in der kalten Wintersonne, die kurz darauf der Schneeregen zerschlägt. Der Fink hat sich eine blaue Kappe und einen prächtigen rosaroten Rock zugelegt. Dies ist das erste richtige Balzlied eines Vogels in Cockshutt.

13. FEBRUAR: Ein sonniger Tag. Er bringt die vergessenen Freuden von Sonnenschein auf Wasser zurück – und hüpfende Mücken.

Ich stochere mit einem Stecken in der vermodernden Esche in der Schlucht herum, die aussieht wie eine aufrecht stehende aufgeschlitzte Banane und ihren verrotteten, krümelnden grauen Kern offenbart.

Bäume altern auf ihre eigene Weise, nicht auf unsere. Das vermodernde Kernholz, die heruntergefallenen Zweige und Blätter – sie alle dienen dazu, den Baum zu ernähren. Um weiter in die Höhe und in die Breite zu wachsen, frisst der Baum sich selbst auf. Dadurch kann er praktisch unsterblich werden, denn wie sollte man ein Leben von tausend oder mehr Jahren sonst nennen?

Die ersten Bäume entwickelten sich vor ungefähr vierhundert Millionen Jahren auf der Erde. Sie überlebten den Meteoriten, der die Dinosaurier erledigte.

In Großbritannien gibt es mehr von Totholz lebende wirbellose Tiere als in jedem anderen europäischen Land – aus dem einfachen Grund, dass wir mehr alte Bäume haben.

Der Gefleckte Aronstab mit seinen kümmerlichen Blättern ist zehn Zentimeter hoch.

Ein Turmfalke am Waldrand, die Hummel unter den Raubvögeln; er vibriert am Rande der Ekstase.

Auf dem Baumstumpf, den die Kaninchen als Ausguck benutzen, liegen Haselnüsse, sauber in der Mitte gespalten. Ein forensischer Beweis für Grauhörnchen, die ein kleines Loch in die Nuss nagen und sie dann mit ihren unteren Schneidezähnen halbieren, mit einer sauberen Bruchkante entlang des winzigen entstandenen Risses. Kleine ordentliche Löcher in Nüssen stammen von Wald- oder Feldmäusen.

Die männlichen Kätzchen an der Erle haben sich von festen Würstchen zu flauschigen Pfeifenreinigern aufgebauscht.

Mein letzter Schweinewitz: Ich frage Lavender, ob Francis Bacon ihr Lieblingsmaler sei.

In Wahrheit habe ich sogar noch ein Beispiel für schweinischen Humor. Die Schweine wälzen sich gerne im Schlamm und tragen dann, wie ich es nenne, »Schweinekrusten«. Außerdem nagen sie gerne an Erlenrinde. Erle läuft leuchtend rot an, wenn man sie anbeißt oder einschneidet – die Farbe von Blut. Deshalb betrachteten die Ureinwohner Großbritanniens diesen Baum als menschlich und verehrten ihn als Wachtposten des Wassergeistes.

15. FEBRUAR: Der Regen wird ständig an- und wieder ausgeschaltet. Ich verbringe den Vormittag damit, zwei Fichten zu fällen und zu entasten, um sie als Pfosten für den reparaturbedürftigen Wellblech-Schweinestall zu verwenden. Weiße Späne fliegen durch die Luft, und der Duft von Fichtenharz erfüllt den Morgen.

Auf der Lärche reihen sich die Knospen wie dicke kleine Erbsen entlang der braunen Zweige; bald werden die frischgrünen Nadeln herauskommen. Das Geißblatt trägt schon neue Blätter.

Unter der Buche streckt sich eine junge Buche aus der Erde, muskulös wie ein Seeaal.

Unter dem Waldboden findet das unsichtbare Leben statt.

Bäume sind Netzwerker, keine Einzelkämpfer. Sie kommunizieren über Pilze im Untergrund miteinander – Mycorrhizae, die sich mit ihren Wurzelspitzen verweben und im Boden verbreiten wie ein Internet, durch das Nährstoffe (Zucker, Stickstoff, Phosphor), aber auch Warnrufe zu so wichtigen Baumthemen wie einem Blattlausangriff gesendet werden können. Das sogenannte »*Wood Wide Web*«.

Das Verhältnis zwischen diesen Bodenpilzen und den Bäumen ist ein altes, und es beruht auf Gegenseitigkeit. Die Pilze ziehen Nahrung aus den Bäumen; sie entnehmen einen Teil des kohlenstoffreichen Zuckers, den jene durch Fotosynthese produzieren. Die Pflanzen wiederum erhalten von den Pilzen Nährstoffe, die diese aus dem Boden gewinnen, mithilfe von Enzymen, über die Bäume nicht verfügen. Dabei gilt bei den Bäumen nicht »Jeder gegen jeden«. Im *Wood Wide Web* wird ein kleiner Sämling in einem stark beschatteten unteren Bereich möglicherweise von seinen stärkeren Nachbarn mit Extra-Nährstoffen versorgt.

Aber ich muss noch eine Axtscharte auswetzen. Zeitgenössische Baumpfleger neigen dazu, die Baumgesellschaft als eine kommunistische Hippie-Utopie darzustellen – daher das *Wood Wide Web*, in dem Bäume Persönlichkeiten sind wie die Ents in J. R. R. Tolkiens *Herr der Ringe*. Tolkiens Ents führten gewichtige Gespräche, die sich über kümmerliche menschliche Zeitbegriffe hinwegsetzten, und waren imstande zu lieben.

Bäume sind keine Ents, und zu unterstellen, sie hätten Gefühle wie Primaten, heißt, sie – und uns – herabzusetzen.

Jede Generation hat ihren eigenen Blick auf die Bäume und nimmt sich, was sie will.

Einst schauten wir Bäume an und betrachteten sie wie uns als heldenhafte Einzelwesen.

Übrigens bedeutet das altenglische *Ent* »Riese«.

19. FEBRUAR: Ich treibe die Schafe hinunter zum Reitweg, dann auf die andere Seite der Schlucht und sperre sie mit hundert Metern Elektronetz ein. Gras muss gemäht werden, um zu gedeihen; der Wald versucht unaufhörlich, sämtliche Flächen aufzuforsten, und ungepflegtes Gras würde sich in Gebüsch verwandeln. Es gibt Tage, an denen es mir vorkommt, als würde ich den Wald bekämpfen.

Noch am gleichen Tag hole ich die vier Kühe aus dem Wald und treibe die Schweine auf die angrenzende Koppel (die ebenfalls zum Teil bewaldet ist; Schweine haben einen teuflischen, schweinemäßigen Appetit auf Hasenglöckchen und würden sie, wenn ich sie in den Wald ließe, bis auf die letzte Blüte fressen). Zum ersten Mal seit Monaten gibt es keine Nutztiere in Cockshutt, und dem Wald fehlt ein wenig von seiner Seele.

20. FEBRUAR: Als die Bäume von Cockshutt einmal still und weiß unter dem Schnee lagen, fiel eine Waldschnepfe vom Himmel, schnell und schwarz wie ein Komet aus dem Weltall. Der hinterherjagende Sperber hatte seinen Angriff falsch berechnet und krachte in die düster-zerschlissenen Vorhänge aus schneebedecktem Geißblatt.

Ein paar Sekunden später fiel der zappelnde Sperber neben der Waldschnepfe zu Boden, war aber außerhalb seines himmlischen Elements unfähig zum Angriff und flog davon.

An jenem Tag schaute ich zu, wie sich der Wald mit Weiß füllte, bis die versteinert dahockende Waldschnepfe zu einem Zuckervogel geworden war.

Vor ihrer Metallgrotte haben die Füchse die Haut eines Lamms liegen lassen.

22. FEBRUAR: Raureif auf Schnee. Jeder einzelne Baum im Wald wird vor dem blassen Hintergrund zu einem Individuum.

Jeden Tag gibt es eine Veränderung, etwas zu notieren. Ein Amselweibchen, gegen die Kälte zu einem Ball eingerollt, sucht hoffnungslos in den Ahornblättern herum, ganz steif und krumm. Sie entdeckt einen dünnen roten Zweig, den sie als solchen erkannt haben muss, hüpft aber trotzdem hin und pickt daran. So groß war ihr Hunger – und ihre Fantasie. Ich habe ein paar Äpfel für die Schweine dabei und werfe einen zu ihr hinüber.

Eine Spitzmaus hat sich darauf verlegt, am helllichten Tag zu jagen.

Nachmittags: Der verzagte Fuchsrüde, rundum entmutigt und erniedrigt, schleicht auf Zehenspitzen in die Schweinekoppel.

Ich lasse zufällig den Eimer fallen. Der Fuchs richtet sich auf, seine Gesichtsmaske schwenkt nach links, dann nach rechts, er sieht mich. Er scheint zu lächeln. Er rennt weg, aber er wird wiederkommen.

Das wissen wir beide.

23. FEBRUAR: Tauwetter, dank der Sonne. Die Jahreszeiten bestehlen einander. Heute herrscht Sommer im Winter. Am Reitweg füllen sich meine Fußstapfen langsam mit Wasser. Der sogenannte »Schnepfenstrich«, der Balzflug der Waldschnepfe, heißt auf Englisch *roding*, weil die Tiere oft Reitwegen, *rides*, und den Rändern von Lichtungen folgen.

Waldschnepfen sind inzwischen auf der britischen Roten Liste gelb markiert.

27. FEBRUAR: Ich sitze in meinem Stuhl. Nebel. Zwei Grad Celsius. Eine Sichel aus Licht erscheint im Osten, und die Helligkeit wandert über den Teich. Die Verschmelzung von Wald und Was-

ser. Die Morgendämmerung zu beobachten ist das unerschöpfliche Privileg der Frühaufsteher.

Die Vögel des Waldes können nicht länger warten. Ihr Drang, sich zu paaren, ist stärker als die Schwere des zurückgekehrten Winters. Eine Kohlmeise erhebt bestätigend ihre Stimme.

28. FEBRUAR: Die Kanadagänse haben alles angegriffen: die Frösche, die Teichhühner und alle Stockenten, die zu landen versuchten. Ich schreie sie an, feuere Flinten ab, lasse die Hunde sie anbellen. Sie weichen nicht, sie rühren sich nicht. Am verzweifelten Ende geht es um das Leben im Teich oder das der Kanadagänse.

Mein Sohn und ich beschließen, sie mit schweren Schrotpatronen zu erschießen, an diesem knochig-kargen Tag, dem die Birken am Ufer eine eigenartig passende nordamerikanische Atmosphäre liefern.

Die Kanadier schwimmen auf dem Wasser. Eine Breitseite Kaliber 12 auf den Ganter ... Ich erwarte, dass die Gans wegfliegt, aber sie weigert sich. Tris, ebenso verblüfft wie ich: »Soll ich die andere schießen?«

Ist das Liebe? Ist das Loyalität? Ich weiß es nicht – ich weiß nur, dass die Gans der Flinte tapfer ins Auge sieht. »Ja«, sage ich, aber ich denke nicht länger an Schädlingsbekämpfung, sondern daran, den Kummer eines Vogels um die Liebe seines Lebens zu beenden.

Tot auf dem Rücken liegend, treiben die Kanadagänse auf dem Wasser, und als der Wind sie auf uns zubläst, wirken sie so bedrohlich wie Daunenkissen. Ans Ufer gehievt, sind sie wunderschöne Leichen, mit schwarzen Schlangenhälsen, die sich als Vordersteven eines Wikingerschiffes verdammt gut machen würden; die feinen Sägezähne an den Schnäbeln sind zarte Wunderwerke jenseits menschlicher Fähigkeiten.

Ein Winter-Eden

Ein Wintergarten hoch im Erlenmoor.
Kaninchen wagen sorglos sich hervor,
die in der hellen Sonne munter sind.
Da schmilzt kein Schnee, kein Baum erschrickt im Wind.

Des Lebens Ebne hebt sich höher hier
als auf dem Schnee der Erde unter ihr,
und über ihr dem Himmel näher loht
vom letzten Jahr der Beeren Scharlachrot.

Hier nagen magre Tiere schwelgerisch
am Apfelbaum, dem wilden, welcher frisch
mit zartem Reis vom alten Stamm sie speist,
der seiner Jahre Gürtelmarken weist.

In einem Paradies versammeln sich,
nicht sich zu paaren, Vögel freundschaftlich,
von denen jeder eine Fühlung hat,
welch Knospe Blüte ist und welche Blatt.

Des Spechtes Doppelklopfen sagt es an:
um zwei Uhr ist der Edentag getan,
zu kurze Zeit für einen Wintertag,
den man sonst lieber überschlafen mag.

Robert Frost

MÄRZ

Knospen

Wieder schwarzes Wetter – Scharbockskraut und Erdprimel tauchen auf – meine selbst gemachte Lichtung – eine Suppe für Pilzsammler – Efeu – Birkensaft – die Ankunft des Zilpzalps – eine Amsel baut ihr Nest in der Ulme – BBs »Brendon Chase« – ein Reisender in einem neuen Land: dem Frühling – Miniermotten in Brombeerblättern – Bergahorn

1. MÄRZ: Das schwarze Wetter ist zurück (klingt wie der Titel eines Liedes). Ohne beschirmende Blätter rinnt der Regen an den Baumstämmen herab wie ausgeschwitzter Saft. Hasenglöckchenblätter bilden die langen Spitzen grüner Sterne.

Wie alle Eulen ist der Waldkauz kein großer Baumeister. Am liebsten nistet er in hohlen Laubbäumen, idealerweise mit Schlingpflanzen bedeckt (bei uns auf dem Land heißt er deshalb auch *ivy owl*, »Efeu-Eule«), wo das Weibchen eine lieblose Mulde in die Laub- und Holzreste kratzt. Und genau das haben die Käuzchen von Cockshutt in der Schlucht getan.

Der Regen hat das erste Scharbockskraut und die erste Erdprimel mit ihrer intensiven, appetitlichen Zitronenschönheit nicht vom Blühen abgehalten.

2. MÄRZ: Der Regen hat auf der Koppel noch mehr Erlenwurzeln

ausgewaschen und freigelegt; die gallapfelartigen Knollen, die auf Erlenwurzeln wachsen, sind jetzt deutlich sichtbar. Diese bakteriengefüllten Knötchen binden Stickstoff und verbessern dadurch den Boden.

Einer meiner Bauernnachbarn hat neulich alle Erlen in seiner Hecke gefällt.

Als ich den stillen Pfad entlanggehe, schießt ein Kaninchen aus den Brombeeren wie ein weißschwänziger Blitz. Eine Amsel *tickst*, dann eine weitere, bis sich eine Kette von *Getickse* über die Bäume, Hecken und Wiesen bis zu den Dorfgärten auf dem Hügel zieht.

Der Erfolg von als Waldvögel geborenen Gartenvögeln wie der Amsel ist herzerwärmend. Die Amsel neigt nicht zu hochfliegenden Plänen (Scherz unter Vogelliebhabern), und die niedrigen Apfelbäume und Büsche der Dörfler gefallen ihr gut.

Eine Amsel fängt an zu singen. Gibt es bessere Chorsänger als Amseln? Als Theodore Roosevelt, bis 1909 US-Präsident, im Jahr 1910 Großbritannien besuchte, war er entsetzt über die dortige Gleichgültigkeit gegenüber der Amselmusik. Auch ich bin von diesem dunklen Vogel bezaubert, seinen flötenden Melodien, seinem absolutem Gehör. Im Detail steckt nicht der Teufel, sondern das Göttliche. Ganz bestimmt.

3. MÄRZ: Im Regen schießen die Waldpflanzen in die Höhe; vor allem das inzwischen fünfzehn Zentimeter hohe Wald-Bingelkraut, das in den düsteren Ecken des Waldes ein langes, flaches Königreich aus Turmspitzen erschafft.

Ich ändere meinen Plan und treibe die Schafe zurück auf den Südteil der Lichtung, diesmal zum Kahlgrasen – zwanzig Schafe, eng zusammengepfercht, um den Boden abzufressen, der voller rötlicher Ahornsämlinge ist.

Diese grasige Lichtung wurde vor drei Jahren freigeschlagen und ist – wenn ich den Ahorn im Zaum halten kann – voller wilder Wiesenblumen (Schlüsselblumen, Rotklee, Schafgarbe, Glockenblumen, Margeriten und Löwenzahn) und voller Gräser (Wiesenschwingel, Rotschwingel, Knäuelgras, Lieschgras und Rispengras). Im Spätfrühling bietet sie ein Bild, das eines Alfred Sisley oder Edward Burne-Jones würdig wäre.

Kein grasendes Vieh, keine Lichtung.

Idealerweise hätte ich die Kühe auf die Lichtung stellen sollen – verschiedene Nutztierarten grasen unterschiedlich und schaffen unterschiedliche Mikroumgebungen und Grashöhen, ein Mosaik aus Lebensräumen –, aber sie ist zu nass, um ihr Gewicht zu tragen.

Auf meinem Weg hinaus aus dem Wald störe ich ein paddelndes Stockentenpaar bei seiner Verdauungsrunde.

Die Salweidenruten färben sich grün: Die Farbe des Frühlings zeigt sich früh an ihrer Rinde. Salweide ist für die Kirche der Ersatz für die Palmzweige, die auf den Weg Jesu gelegt wurden. Jedes Jahr am Palmsonntag werden Kruzifixe aus Salweidenzweigen als Palmzweige verteilt. Früher glaubte man, Christus wäre mit einer Weidenrute gepeitscht worden, und wenn man Kindern diese Herabwürdigung antäte, litte ihr Wachstum darunter.

Vor drei Wintern habe ich ein paar der Salweiden auf den Stock gesetzt; inzwischen sind die neuen Triebe der Salweide zweieinhalb Meter lang. Im gleichen Gebiet im Ostteil des Waldes habe ich auch drei Eschen gekappt; ihre neuen Stämmlinge winden sich im Medusenhaupt-Stil umeinander.

4. MÄRZ: Orkan. Die Krallenspitzen der Fichten werden heruntergeblasen und bilden auf dem Waldboden Horrorszenen aus ab-

geschlagenen grünen Händen. Eine ganz kleine Prise der frischen Fichtentriebe schmeckt angenehm; früher glaubte man, sie könnten, ständig verzehrt, Brusterkrankungen heilen.

Der Wind biegt die Eschenzweige vor und zurück wie die Ruder eines Bootes.

5. MÄRZ: Die Holunderblätter sind draußen, die ersten Blattgrünwedel; sie stinken nach Giftgas. In alten Zeiten wurde Holunder an der Hintertür gepflanzt, damit böse Geister und andere schädliche Einflüsse nicht ins Haus konnten. William Coles schrieb in seinem Buch *The Art of Simpling* (1656), das »gemeine Volk« sammle Holunderblätter »am letzten Tage des Aprils, die sie, um die Zaubereien der Hexen zu vereiteln, an ihren Türen und Fenstern festmachen«.

Auf jeden Fall hielt der Geruch, den das Holunderlaub absonderte, Fliegen fern, deshalb wurden Blätterbündel in Viehställe gehängt und am Pferdegeschirr befestigt. Die Blätter des Holunders sind, wie seine Rinde, voller Blausäure freisetzender Glucoside. Außerdem enthalten sie die bewusstseinsverändernden neurotoxischen Alkaloide Sambucin und Coniin, was erklären könnte, warum man den Elfenkönig trifft, wenn man unter einem Holunderbusch schläft.

Ich sammle Zinnoberrote Prachtbecherlinge von Baumstämmen mit einer Smaragdkruste aus Moos und ein paar Judasohren vom Holunder. Beide Pilzarten haben wenig Eigengeschmack; sie absorbieren stattdessen die Aromen anderer Nahrungsmittel. Der Trick ist, sie in feine Streifen zu schneiden, um alle Wasserblasen zu öffnen, sonst spritzen sie beim Anbraten.

Außer in der Küche spielt das Judasohr auch im Apothekerschrank eine Rolle. Die Chinesen schätzen es seit Langem wegen seiner reinigenden Wirkung auf Lunge, Magen und Darm, während die moderne westliche Medizin herausgefunden hat, dass dieser Pilz eine beträchtliche gerinnungshemmende Wirkung hat und wahrscheinlich für die Behandlung von Herzkrankheiten nützlich sein könnte.

Es gibt Belege dafür, dass das Judasohr antibiotisch und antiviral wirkt. Nach der mittelalterlichen »Signaturenlehre« (die im Prinzip besagte, dass eine Pflanze, die wie ein menschliches Organ aussah, Krankheiten ebendieses Organs heilen könne) wurden Gurgellösungen aus Judasohren als Mittel gegen Ohrenschmerzen hergestellt.

Wenn wir Wälder verletzen, verletzen wir uns selbst.

Hühnerbrühe mit Judasohren nach thailändischer Art

Mein Rezept. – Jede jüdische Großmutter weiß, dass Hühnersuppe jedes Übel kuriert; jede asiatische Großmutter weiß, dass Ingwer das Immunsystem stärkt. Diese thailändisch inspirierte Brühe ist ein doppelter Kracher.

1½ Esslöffel Bratöl
1 fingerlange Ingwerknolle, geschält und in feine Scheiben geschnitten
1 Schalotte, gewürfelt
5 große Judasohren
1 gehäutete, entbeinte Hühnerbrust, in dünne Streifen geschnitten
1 Teelöffel Austernsoße
1½ Teelöffel Shoyu-Sojasoße
1 Teelöffel Rohrzucker
1 Liter Wasser

Das Öl in einem Wok erhitzen und die Ingwerscheiben unter Rühren darin anbraten. Schalotten und Judasohren unterrühren. Die Hühnerstreifen zugeben. Unter Rühren anbraten, bis das Fleisch angebräunt ist, dann Austernsoße, Shoyu und Zucker zugeben. Alle Zutaten verrühren, dann das Wasser zugießen. Mehrfach umrühren. Mit heißem weißem Reis servieren.

11. MÄRZ: Efeu gleitet an der Esche in der Schlucht empor wie ein Schwarm wimmelnder Holzaale. (Efeu ist kein Parasit, benutzt Baumstämme aber als Stütze, um an Höhe zu gewinnen.) Unter schwarzen Witwenwolken verfüttere ich Efeu an die Schafe auf dem Reitweg – sie schlingen ihn herunter, so gierig, dass sie sich um mich drängen.

Ich weiß, ich weiß. Wer würde glauben, dass Efeu Schaffutter ist? Das ist er aber, bis auf die Beeren. Willkommen bei der Landwirtschaft im alten, harten Stil.

Ich versuche, die Musik der unergründlichen Bäume kennenzulernen, nicht nur den Wind in den Ästen, sondern die Töne der Stämme. Ich lege mein Ohr an den Schaft einer Esche; hinter dem Meeresrauschen meiner Ohrmuschel höre ich das Klagen eines Cellos.

Ich schaue hinunter in die Schlucht mit ihrer Kakofonie aus toten Bäumen. Tote Bäume rühren uns, mit ihrer gefallenen Erhabenheit, ihrem langen, allmählichen Niedergang. Nach dem Ende des Ersten Weltkriegs folgte für den Komponisten Edward Elgar eine Phase der Desillusionierung. Die Werte der Vorkriegszeit waren von der Katastrophe weggeschwemmt worden, und seine wichtigste Unterstützerin, seine Frau, erkrankte. Er selbst empfand »Ahnungen der Sterblichkeit«, um einen Ausdruck von William

Wordsworth abzuwandeln. Elgars letzte große Werke, darunter das Cellokonzert, bezeugen das. Der Geiger Billy Reed, ein guter Freund von Elgar, berichtete, dass ein Wäldchen aus toten Bäumen in der Nähe von Brinkwells, dem Cottage der Elgars in Sussex, den Komponisten damals stark beeindruckt habe:

> *Ein kurzer Lieblingsspaziergang vom Haus hinauf durch den Wald führte einen direkt aus der Alltagswelt hinaus in eine Gegend, die prosaisch Flexham Park hieß, aber genauso gut die Wolfsschlucht aus dem* Freischütz *hätte sein können. Die Fremdartigkeit jenes Ortes wurde von einer Gruppe toter Bäume hervorgerufen, deren knorrige, verdrehte Äste sich auf seltsame Weise ausstreckten, als wollten sie einen näher heranwinken. Wenn man abends dort hinaufging, während es gerade dunkel wurde, lief es einem kalt den Rücken herunter … Der Hauch von Schwermut in dem Quartett, wie der Wind, der in diesen toten Bäumen seufzte – ich sehe das alles vor mir, wenn ich eines dieser Werke spiele oder sie gespielt höre. Elgar war ein solcher Naturliebhaber und hatte einen so leicht beeindruckbaren Geist, dass er unweigerlich von einer solchen Umgebung beeinflusst wurde.*

Lady Elgar bezeichnete diese späten Kammermusikwerke als »Waldzauber«, und sie erzählte ganz unumwunden, dass die toten Bäume einen Einfluss auf das Quintett gehabt hätten. Sie waren vom Blitz getroffen worden (einer äußeren Gewalt) und keines natürlichen Todes gestorben. Genau wie die jungen Männer im Ersten Weltkrieg. Elgar verwandelte die englische Landschaft in Musik. »Dies ist es, was ich den ganzen Tag über höre«, schrieb er an seinen Freund August Jaeger. »Die Bäume singen meine Musik – oder habe ich ihre gesungen?«

Mein aktuelles Lieblingswort: Psithurismus, m. – das Geräusch raschelnder Blätter an Bäumen, abgeleitet vom altgriechischen ψίθυρος (*psithuros*, »flüsternd«, »beleidigend«).

In der Abenddämmerung gehe ich auf die Jagd, während die Amseln *ticks*en; ein Wald ist halb wild, halb zahm. Um eine Verbindung zur wilden Seite herzustellen, nehme ich die kleine Kaliber -.410- Schrotflinte und werde zum Jäger.

Die böse blickenden Tauben meiden mich. Ich gehe durch die Lärchen, und im Zwielicht ist es, als ginge ich durch die Luft; ich kann den Boden nicht sehen. Nicht wie in der Nacht, wenn man den Boden *spürt*. In dieser Art von Licht schwebt man.

12. MÄRZ: Lichtungen aus Sonnenschein; der Ruf eines Raben über mir wie zerreißende Seide. Erdprimeln sickern wie Sonnenflecken aus der Erde.

Ein Bussard auf der Spitze einer Lärche kreischt mitleiderregend. Ich scharre im oberen Teil des Waldes ein wenig Laub beiseite und lege die Leichname alter Schrotpatronen frei. Nach den Patronen zu urteilen fand noch in den 1970er-Jahren eine Jagd in Cockshutt statt.

Ich gehe am Teich vorbei; Frösche quaken, und das Wasser zittert ekstatisch, während sie einander beiwohnen, versteckt im Schilf, das inzwischen seine Schwertklingen aus dem Wasser reckt.

13. MÄRZ: Die Weißdornblätter sind draußen, die Knospen groß genug zum Essen.

Ich verbringe eine Stunde auf einer Esche damit, mit der Sichel Efeu für die Schafe zu schneiden, und komme mir vor wie Miraculix aus den *Asterix*-Geschichten. Aber ich kann den Frühling riechen.

Ein weiteres sicheres Anzeichen des Frühlings: Die Schafe weigern sich, Heu zu fressen, und wollen stattdessen saftiges Grün.

Kränze aus Efeuranken wurden Verrätern aufs Haupt gesetzt. Dieses Schicksal erlitt der letzte walisische Fürst Llywelyn ap Gruffydd, dessen abgeschlagener Kopf König Edward I. auf einem Tablett überreicht wurde, spöttisch gekrönt mit einem Efeugebinde. In späteren Jahren hieß es, ein solcher Kranz, von einem Lebenden getragen, verhindere Kahlköpfigkeit. Ein interessanter Gedanke.

14. MÄRZ: Ein Baumläufer trippelt über mir an der Unterseite eines Astes entlang, kopfüber daran klebend wie eine Fliege an der Zimmerdecke. In einem Wald richtet sich unser Blick instinktiv dreißig bis vierzig Meter nach vorne auf den Boden, aber man sollte nach oben schauen. Man muss sich dazu erziehen.

Während ich durch den Wald gehe, sind mir die Tauben immer ein wenig voraus; abgestoßen von den unsichtbaren Bugwellen meines Daseins, prasseln sie aus den Bäumen.

Ungeachtet meiner bereits erwähnten Überzeugung, Bäume seien keine Ents, suche ich auf der Eichenrinde nach Gesichtern; die einzigen, die ich finde, sind die Fratzen furchteinflößender alter Männer. Der Wind frischt auf. Sachen krachen herunter, gehen kaputt.

Auf dem kaffeedunklen Teich taucht plötzlich eine Abfolge wieder verschwindender Ringe auf. Wodurch entstehen sie?

15. MÄRZ: Im Schlamm rings um den Teich: die Dreieckszehen von Fasanenfüßen, der hingehüpfte breite Pfeil einer Teichhuhnspur und der Halbkreis von Dachskrallen.

Der Dachs lebt achthundert Meter weiter im Moors Wood; das ist in diesem Jahr erst das zweite Anzeichen dafür, dass er in Cockshutt herumstreift. Dachs, Grimbart oder Greving – wie man ihn auch nennen mag, er macht mich nervös. Ich habe Kühe. Dachse sind Überträger von Rindertuberkulose.

Birkensaft kann »abgezapft« und zur Herstellung eines süßen Weines verwendet werden.

Um eine Sandbirke im Frühling anzuzapfen, wenn die Säfte gerade anfangen, aufzusteigen (das ist an der Entwicklung der Blattknospen ablesbar; sie sollten fest und klein sein), sollten Sie zunächst eine Birke von mindestens fünfundzwanzig Zentimetern Stammdurchmesser suchen; ein dünnerer Baum ist möglicherweise zu kümmerlich, um sein Herzblut entbehren zu können. Bohren Sie in einem Meter Höhe in einem Winkel von dreißig Grad ein Loch in den Stamm, nur bis knapp unter die Rinde und nur so dick, dass das Plastikrohr zum Abzapfen des Saftes hineinpasst. Das andere Ende des Rohres führt in einen Eimer oder eine große Mineralwasserflasche am Boden. Der Saft sollte sofort anfangen, in das Gefäß zu tropfen; vier Liter pro Baum im Lauf von vierundzwanzig Stunden sind nicht ungewöhnlich. Mehr als diese Menge pro Baum sollten Sie nicht abzapfen.

Birkensaft kann wie ein Landwein als belebendes Frühlingstonikum getrunken oder zu Sirup eingekocht werden.

Im Jahr 1718 beschrieb Ned Ward, der Autor von *The London Spy*, Birkenwein als »beinahe wie Met, denn er lässt den Mund eines Mannes nach Honig duften«.

Auch der Ahornsaft steigt im Frühling kraftvoll empor und kann angezapft werden, als Zuckerquelle und für die Herstellung von Bier.

17. MÄRZ: Der Zilpzalp kommt in seinem vertrauten Wald an, einen Tag später als im letzten Jahr. Zugegeben, sein zweitöniger *Zilp-Zalp*-Gesang ist nicht unbedingt hübsch. Aber er ist unsterb-

lich und unentbehrlich, denn er verkündet die Ankunft des Frühlings. Wie der großartige Ornithologe (und liberale Außenminister im Ersten Weltkrieg) Sir Edward Grey in seinem Buch *The Charm of Birds* anmerkt, bildet der Zilpzalp »die Vorhut jenes Ansturms von Singvögeln, der auf dem Weg zu uns ist, um im April anzukommen und von da an unsere Wälder, Wiesen und Gärten mit noch vielfältigerem und schönerem Gesang zu bereichern. Deshalb sind wir in jedem Frühling so gerührt, wenn wir den ersten Zilpzalp hören. Er ist ein Symbol, ein Versprechen, eine Zusage für das, was noch kommen wird.«

Der Zilpzalp hüpft um eine Weide herum wie ein Nachtfalter. Wie hat etwas so Kleines, ein solches Krümelchen von Vogel es geschafft, hierherzufliegen? Er wird ja kaum mit der kleinsten Brise fertig. Ist es nicht ein Wunder, dass ein so winziger Vogel den ganzen Weg von Afrika nach Großbritannien fliegt, um Frühling und Sommer bei uns zu verbringen?

Wie erfreut die Bäume sein müssen, ihn zu hören.

18. MÄRZ: Ein Kleiber pfeift in den Eichen; unter ihm leuchtet das erste Buschwindröschen, weiß und strahlend.

Legenden schwärmen von dieser Anemone als Liebesblume. Tödlich verwundet von einem Eber, lag Adonis im blutbefleckten Gras, wo er von Venus gefunden wurde; voll Kummer schwor sie, ihr Liebhaber solle für immer als Blume weiterleben, und Anemonen wuchsen an den Stellen, auf die ihre Tränen fielen.

Der Gestank des Buschwindröschens verdirbt diesen Mythos ein wenig; die Pflanze enthält Protoanemonin und ist giftig.

Aber sie ist schön. Traditionell pflückte man das erste Buschwindröschen eines Jahres und nähte es ins Jackenfutter ein, weil eine so erlesene, pure Blume angeblich schon durch ihre reine Güte die Pest fernhielt. Bei uns auf dem Land hieß das Buschwindröschen mancherorts »Lichtmesshütchen«, nach dem Fest der Reinigung der seligen Jungfrau Maria am 2. Februar.

Eine Amsel fängt an, ihr Nest in einer niedrigen Ulmengabelung am Reitweg zu bauen. Die Ulme, die von einem Weißdorn umgürtet wird, reicht bis in den Himmel. Selbst mit einer Höhe von nur zehn Metern ist sie die höchste Ulme, die ich kenne.

Einst gehörten Ulmen zu den prägenden Bäumen Englands, als Teil des Standardinventars von Hecken, weil die Bauern sie als Schattenspender schätzten. Ulmen wuchsen in Westengland so schnell, dass sie *Wiltshire weed*, »Unkraut von Wiltshire«, genannt wurden. Aber innerhalb eines einzigen Jahrzehnts, zwischen den 1970ern und den 1980ern, wurden praktisch sämtliche Bäume über Buschgröße vom Ulmensterben dahingerafft (das von einem Pilz der Gattung *Ophiostoma* und verschiedenen Borkenkäfern verursacht wird) – einer der dramatischsten Fälle von Artensterben in neuerer Zeit. Arme Ulmen: Zum größten Teil sind sie Klone und leiden unter der Verwundbarkeit genetischen Inzests.

Die Ulmen sterben schon als Teenager, werden aber durch Wurzelschösslinge ersetzt, die klassische Ulmenmethode der Fortpflanzung. Die Ulme hat einen guten Ruf als Sargholz.

Meine Ulme ist nur ein schwacher Nachhall jener Ulmen, die John Clare kannte.

Der Baum des Schäfers

Du große Ulme, mit dem schartig Stamm voll Flecken,
Wie Kriegers Schicksal! Ich mag's gerne,
In deinen grasig' Schatten mich zu strecken,
Den Blättern, oben lachend in der Ferne,
Zu lauschen, hingestreckt auf Wurzeln breit,

Sorglos entspannt, und dort zu denken
An Zeiten, Taten, Wagnis längst vergangener Zeit [...].

John Clare

19. MÄRZ: Durch den Druidenwald aus Erlen. Ich klettere über den Zaun, mit dem Viehfuttersack auf meiner linken Schulter kämpfend. Obwohl Rinder von Waldtieren abstammen, wird geschätzt, dass eine komplett bewaldete Fläche von zweihundertfünfzig Hektar nur zwanzig bis dreißig Kühe ernährt. Eine einfache Division ergibt, dass Cockshutt mit seiner Größe von einem knappen Hektar für vier Kühe nicht ausreicht. Also brauchen sie zusätzliches Futter – Heu und eine Handvoll Weizenkonzentrat. Landwirtschaft: Immer geht es um Rechnungen und Rendite.

Der Sack drückt mich zu Boden. Ich gehe gebückt. Ein bäuerlicher Quasimodo. Vom weit entfernten oberen Teil des Waldes tönt das Trompeten einer Kuh herüber. Immer wieder, beharrlich.

Ich könnte hinüberfahren zu den Kühen wie heute Morgen, aber wer würde keinen Vorwand für einen Waldspaziergang an einem Märzabend suchen? Wenn die unerträgliche Schwere des Winters sich hebt. Wenn die Tage lichter werden und länger.

Es gibt eine alte Bauernregel: »Der März kommt wie ein Löwe und geht wie ein Lamm.« Diese Wahrheit hat mein Großvater mir beigebracht. Heute, zwischen den Bäumen, geschützt vor dem Wind ... kann man tatsächlich eine neue Babyzartheit in der Luft spüren.

Der Frühling ist da, und ich folge mit frühlingshaft federnden Schritten dem hellen Weg durch die Bäume.

Für mich ist entlang dieses Pfades jeder Meter gepflastert mit sanfter englischer Waldkultur: Shakespeares *Sommernachtstraum*, *Pu der Bär*, *Als die Tiere den Wald verließen*, *Die Chroniken von*

Narnia und natürlich *Brendon Chase* (dt. *Im Schatten der Eule*) von BB alias Denys Watkins-Pitchford.

Die Deutschen haben ihre Schwarzen Wälder und Grimms Märchen. Sie können beides behalten. Die Märchen, die im 19. Jahrhundert von den Brüdern Grimm gesammelt und niedergeschrieben wurden, stellten den Wald als reine Natur dar, im Gegensatz zur zivilisierten, städtischen Kultur Deutschlands. 1876 wurde in Bayreuth Richard Wagners sechzehnstündiger Opern-Vierteiler *Der Ring des Nibelungen* uraufgeführt. Zwangsläufig spielten die meisten Szenen im Wald. Zwangsläufig waren die Nazis bezaubert vom Hochwald mit seinen aufrechten, regelmäßigen Reihen von Kiefern. Die Aufmärsche in Nürnberg waren Fleisch gewordene Wälder. Kein Geringerer als Hitlers Stellvertreter Hermann Göring erklärte in seinem Jagdhaus im Wald: »Wir haben uns daran gewöhnt, das deutsche Volk als ewig zu sehen. Es gibt kein besseres Bild dafür als den Wald, der ewig war und ewig bleiben wird.«

Als die Angelsachsen aus Deutschland nach England flohen, setzten sie einfach ihre heimische Tradition fort, den Urwald zu roden, um das Licht einzulassen.

Der Andere (Auszug)

Am Waldesrand ganz froh ich saß,
Zu spüren das Licht, zu hören das Brummen
Der Bienen und zu riechen trocken Gras
Und süße Minze, denn ich war gekommen
Ans Ende jenes Waldes, das
Hieß Straßen, Gasthof, kurz: die Summen
Von allem, was nicht Wald ist …

Edward Thomas

Ich habe meine Liebe zum Wald spät entdeckt, selbst die Liebe zu Büchern über Wälder. Ich glaube, ich war zwölf, als ich *Brendon Chase* (dt. *Im Schatten der Eule*) entdeckte, BBs Abenteuergeschichte über die drei Hensman-Brüder Robin (fünfzehn), John (dreizehn) und Harold (zwölf), die vor der Diktatur ihrer Tante Ellen fliehen, um wild im Wald zu leben.

Dieses Buch führte mich ins Leben im Wald ein, in die möglichen Abenteuer an seinen versteckten Stellen. Ich bin immer noch dieser Junge. Ich kann nicht durch einen Wald gehen, ohne zu staunen.

Außerdem hat ein Wald eine entspannte Abgeschiedenheit. BB verstand einen Wald als so etwas wie eine einsame Insel – mitten im ländlichen England. Ein Wald ist eine Zuflucht.

In Gedanken bin ich abgeschweift, aber nicht bei meiner Arbeit. Ich bin halb durch den Wald. Die Kuh trompetet immer noch, ein Sirenenruf, der mich anzieht.

Der Waldboden ist von Blumen erhellt. Der schwarze Schlamm zwischen den Erlenwurzeln erstrahlt vor Sumpfdotterblumen, mit Blüten, so knallgelb wie die von einem Kind gemalte Sonne. (Die Sumpfdotterblume ist eine echte Ureinwohnerin; sie wuchs schon vor der Eiszeit auf englischem Boden.)

Überall stehen die zarten Buschwindröschen in Nestern aus weißen Lichtchen beisammen.

Der Ahorn ist belaubt, der Holunder ebenso. Und es ist jetzt einen Monat her, dass der erste Gefleckte Aronstab, *Arum maculatum*, in flaschengrünen Scherben durch den Waldboden stach, um mit der Ermordung des Winters zu beginnen.

Obwohl der Vogelgesang noch nicht mit seinem Frühjahrs-Crescendo begonnen hat, ist ein stetiges vorbereitendes Summen zu hören, wie in einem Saal, der sich mit Menschen füllt, während das Orchester seine Instrumente stimmt. Der Buntspecht in seinem avantgardistischen gepunkteten und roten Gewand trommelt sein Liebeslied aus den skelettierten Resten einer Ulme hervor. Sein schnelles Rattern – als wäre sein Schnabel mit einem Gummiband gespannt und dann losgelassen worden – ist eine Einladung an die Weibchen, herbeizukommen und mit ihm zu brüten. Außerdem ist es eine Warnung an andere Männchen, sich von seinem Landgut fernzuhalten. Es ist noch kilometerweit entfernt zu hören.

Vor der hohen Esche lässt das Drosselmännchen seine nachdenklichen Flötenmelodien herunterträufeln. Wie recht doch Robert Browning mit seinen »Heimat-Gedanken« hatte:

Das ist die weise Drossel; sie singt ihr Lied zwei Mal,
Damit du nicht denkst, es würde ihr nicht glücken,
Erneut zu finden das erste schöne, sorglose Entzücken!

Alfred Tennyson beschrieb die Stimme der Singdrossel, indem er den Ruf des Vogels nachahmte:

»Der Sommer kommt, der Sommer kommt,
ich weiß, ich weiß, ich weiß es.«

Und dann gibt es noch die Musik der Insekten. Bienen sind unterwegs, surrend. Der Wald ist in Bewegung.

Am Teich flattert ein Tagpfauenauge über dem Wasser und spiegelt sich, ein perfektes Faksimile seiner selbst.

Ich bin Reisender in einem neuen Land: dem Frühling.

Durch den Fichtenhain … Ja, in einem Wald kann hinter jeder Biegung eine Überraschung warten. Als ich an der Wünschelruteneiche vorbeikomme, werfe ich einen Blick nach rechts, und dort, auf dem parallelen Pfad unter der Hecke, trabt der Fuchsrüde, mit einem Kaninchen in seinem Fangeisenkiefer. Er ist auf dem Weg nach Hause zu seiner Frau und den gierigen blauäugigen Welpen.

Der Fuchs schaut mich an, ich schaue den Fuchs an. Wir tragen beide unsere Last, tauschen einen kameradschaftlichen, wissenden Seufzer aus und verdrehen die Augen nach oben.

Eine volle Minute lang halten wir unsere perfekte Symmetrie durch, auf unseren parallelen Pfaden entlangtrottend, voneinander getrennt durch zwanzig Meter Brombeeren, bis der Fuchs zwischen den Stechpalmen nach unten entschwindet.

Inzwischen habe ich die Lichtung im oberen Teil des Waldes erreicht, wo eine Färse immer noch muhend ihre große Nachricht an die Welt verkündet. Heute Morgen hat sie ihr erstes Kalb zur Welt gebracht, ein kastanienbraun glänzendes Mädchen, das jetzt unter ihrem Bauch gebeugt vor sich hinnuckelt. Das Kalb sieht so glücklich aus, als hätte es gerade im Lotto gewonnen. Es scheint tatsächlich zu lächeln.

Ich lächele auf jeden Fall. Die Frühlingsblumen blühen, ich trage nur noch eine Jacke, nicht zwei. Und ein Kalb ist geboren.

21. MÄRZ: Morgens kann ich die Blätter immer noch einzeln abzählen; die gewaltige Stille wird von Gesang durchzogen.

Kaninchen rennen in alle Richtungen. Noch mehr Efeu für die Schafe. Von einem Buchenast hacke ich ein paar »Chips« zum Räuchern von Schweinefleisch.

22. MÄRZ: Ein weiterer Tag wohltuender Wärme.

Die Ringeltaube wirkt im Flug erstaunlich kraftvoll für eine Taube und ist leicht mit einem Sperber zu verwechseln. In der Luft verliert sie ihre Plumpheit.

Die Tauben nisten in der Lärche. (Später klettere ich hinauf und werfe einen Blick auf ihre beiden porzellanweißen Eier. Sie zeigen genau das gleiche strahlende Weiß wie das Halsband und die Flügelstreifen der Ringeltauben.)

Gegen halb sieben Uhr abends: Das Licht sickert weg, die Wärme ebenfalls. Kälte auf Gesicht und Händen. Die Fasane gehen spät zu Bett, diese Nachteulen. Die Amsel singt ihre Vesper von einer Esche am Teich. In den Brombeeren ein Krachen, Poltern, Schlagen – und in mir ein primitives Schaudern. Ein Kaninchen schießt davon.

Ich bin wegen meiner Arbeit hier: um nach den Schafen zu sehen, die ich eingepfercht habe, damit sie Brombeeren abweiden.

Vielfältige Eindrücke überwältigen mich. Die Blätter kommen heraus; auf den umliegenden Wiesen steigt das Kindergeschrei von Lämmern aus dem dünnen Aprilgras.

Ein Baumläufer: Er hüpft bergauf, der Schwerkraft trotzend.

Ich liege in der Biegung der Wünschelruteneiche und nehme die braune Erde, die Brise in den Zweigen, den Gesang der Vögel in mich auf.

Als ich meinen Kopf zum Teich drehe: Der Gipfel des Romantischen, Mondlicht auf dem Wasser, ist zwischen den Bäumen zu sehen.

23. MÄRZ, 6.20 Uhr morgens: Der Buntspecht trommelt. Buchfinken jagen den ganzen Tag lang in den Bäumen herum und spielen »Kussjagd«.

Als ich den Reitweg entlanggehe, höre ich ein winziges Miauen auf einem be-efeuten Ahorn. Jetzt weiß ich also, wo der neue Kobel der Grauhörnchen liegt. Und sie haben Junge.

24. MÄRZ: Normalerweise weine ich nur um Hunde und Pferde. Selbst als ich mich von meinem Vater verabschiedete, während sein Sarg in den Ofen des Krematoriums von Hereford gerollt wur-

de, stand ich in meinem braunen Twillmantel militärisch stramm und senkte nur den Kopf.

Kurz nach sieben Uhr abends kommt meine Frau in die Küche und ertappt mich dabei, wie ich mir das Herz aus dem Leib schluchze. Ich kann es nicht fassen, dass der Junge, der mit zwölf in der Bibliothek von Hereford seine Schultasche mit BB-Büchern vollpackte, morgen Ehrengast bei der Jahresversammlung der BB-Gesellschaft sein wird.

25. MÄRZ: Jahresversammlung der BB Society in Sudborough, Northamptonshire. Auf dem Weg ins Dorf fahre ich an BBs »rundem Haus« vorbei, seinem letzten Wohnsitz.

Im Dorfgemeinschaftshaus treffe ich Gordon Wright und Ray »Badger« Walker – Männer, die BB noch persönlich kannten. Ich beginne mit meiner Rede. »Ich habe Preise für meine Bücher gewonnen, ich war unter den Top Ten der *Sunday-Times*-Bestsellerliste, aber heute zu Ihnen sprechen zu dürfen ist die größte Ehre meines ganzen Berufslebens.«

Und das meine ich ernst.

Ein paar Tage später finde ich ein rätselhaftes flaches Paket in der Post; es ist von Gordon Wright, dem Sekretär der BB Society. In dem Karton liegt die einzige Druckgrafik von BBs Gemälde »*When Rufus Came to Stay*«, das einen Fuchs in einem verschneiten Wald im flachen Winterlicht zeigt.

Durch einen überaus bizarren Zufall ist der Blick durch die Fichten auf diesem Bild genau der gleiche – die Neigung des Geländes, der Punkt, an dem die Morgensonne auftrifft – wie der in Cockshutt.

Rufus ist der Fuchs aus *The Wild Lone*, dem vielleicht besten aller BB-Bücher. Ich starre das Bild stundenlang an und versuche herauszufinden, was genau die Szenerie so hypnotisierend macht.

Ist es die bläuliche Schärfe des Schnees in der Morgendämmerung? Die glutrote Wärme des Fells? Dann sehe ich es: Das Tier steht auf Zehenspitzen, beinahe schwerelos, genau wie der wachsame Reineke Fuchs.

26. MÄRZ: Die Ahornblätter sind da; im Graben wächst Gold-Milzkraut. Frische Farnwedel schieben sich durch die Erde empor; die aufgerollten Triebe werden bei uns »Bischofsstab« oder »Geigenhals« genannt, obwohl sie am ehesten dem Kopf eines sich aufbäumenden Pferdes ähneln.

Die Kristallknospen des Schwarzdorns platzen auf. Schlehen tragen Blüten aus Frost, ein später Hauch von Winter. Sie haben nichts Weiches an sich, anders als Weißdornblüten, über denen schwer der Vorgeschmack des Sommers hängt.

Ein nächtlicher Sturm; ich stehe zwischen den umkrachenden Bäumen und genieße das Wüten. Nietzsche hielt den Zerstörungstrieb für eine kreative Kraft. Der Wind kreischt wie eine läufige Füchsin.

27. MÄRZ: Über die Blätter der Brombeerbüsche ziehen sich Zickzack-Blitze; die Spur einer Raupe der Miniermotte *Stigmella aurella*. Diese Motte legt ihr Ei in das Blatt, wo die Larve schlüpft und sich langsam einen Tunnel unter der Außenhaut des Blattes frisst.

Die Larve überwintert in ihrer »Mine« und schlüpft im Frühling – silbern schimmernd und nicht größer als eine Mücke.

Ich verteile meine Sammlung durchtunnelter Blätter mit ihren individuellen weißen Schlängelspuren auf einem weißen DIN-A4-Blatt; man sollte sie in einer Galerie ausstellen.

Am Nachmittag schneide ich die Bruchweiden am Teich zurück; die aufgeplusterten Kätzchen-Blüten fallen aufs Wasser. Hier in der Gegend nennt man sie *goslings*, »Gänschen«.

Wasser. Es bewegt sich nicht selbst, sondern ist ein mechanischer Anzeiger für andere Kräfte. Die Brise treibt die Gänschen sanft ans andere Ufer.

Die Dohlen eines Nachbarwaldes fliegen auf und verjagen zwei Rote Milane.

Letztes Geräusch des Tages: das Uhrwerkschwirren eines trompetenden Fasanenmännchens, das mit den Flügeln schlägt.

Etwas Unerwartetes im Wassertrog der Schweine. Eine Kröte.

Ich starre angestrengt in ihre urzeitlichen Augen. Kröten sind vollkommen undurchschaubar. Es gibt keine Verbindung wie zu einem Hund oder einem Schwein.

Das erste Erlenblatt erscheint. Bei den Nordmännern war der März der »länger werdende Monat, der die Erle weckt«.

28. MÄRZ: Brombeerknospen wachsen seitlich aus den Ranken. Ich pflücke sie; sie sind ein guter Imbiss für Wanderer. Für die Nordmänner waren sie hilfreich, vermute ich. Der März weckte vielleicht die Erle, aber er war auch die Zeit des notgedrungenen Fastens, »*Lenct*«, weil die Vorräte zur Neige gingen. Die christliche Kirche hat diesen Gedanken mit ihrer Fastenzeit übernommen – und das Wort: Im Englischen heißt die Fastenzeit *Lent*.

Die Schlangenhautknospen des Bergahorns fallen sofort ins Auge; wenn sie sich entfalten, sehen die Blätter aus wie schlaffe Sonnenschirme.

Die Heimat des Bergahorns liegt in Mittel- und Osteuropa und Westasien. Wahrscheinlich wurde er um 1500, in der Tudor-Zeit, in Großbritannien eingeführt; als Wildpflanze wurde er erstmals

1632 in Kent beschrieben. Ein schlagender Beweis für seinen Status als Eindringling ist der Mangel an einheimischen Volksnamen für diesen Baum. Mein Vater nannte den Bergahorn statt *sycamore tree* immer »*sick-of-more-work tree*«, »Keine-Lust-auf-mehr-Arbeit-Baum«, weil er seine großen, klebrigen Blätter auf den Steingarten fallen ließ, wo sie dann weggeräumt werden mussten.

John Evelyn hasste ihn ebenfalls:

> *Die Sycomor, oder der wilde Feigenbaum (fälschlich so genannt), ist … ein Ahorn und hat einen besseren Ruf für ihren Schatten, als sie verdient; denn die Honigtaublätter, die (wie die der Eschen) früh fallen, verwandeln sich in Schleim und schädliche Insekten und faulen in der ersten Feuchtigkeit des Herbstes; so vergiften und verderben sie unsere Wege; deshalb sollte sie mit meinem Einverständnis aus allen bemerkenswerten Gärten und Alleen verbannt werden.*

Allerdings ergibt der Bergahorn gutes Feuerholz (leicht zu sägen und mit der Axt zu spalten, mit heißer Flamme brennend), deshalb wurde er in Cockshutt angepflanzt und immer wieder auf den Stock gesetzt.

Außerdem hat sich dieser Spätankömmling von Baum eine unauslöschliche Fußnote in der britischen Geschichte verdient. Unter einem Bergahorn im englischen Tolpuddle in Dorset gründeten sechs Landarbeiter 1834 eine frühe Gewerkschaft. Sie wurden nach dem *Incitement to Mutiny Act*, einem Gesetz gegen Meuterei aus dem Jahr 1797, für schuldig befunden und nach Australien deportiert. Der darauffolgende öffentliche Aufschrei führte zur Freilassung und Heimkehr der Märtyrer von Tolpuddle.

Der Ahorn von Tolpuddle wird vom National Trust betreut, der den Baum 2002 und dann noch einmal 2014 kappte.

In Schottland waren Bergahorn-Bäume beliebt für Hinrichtungen, weil ihre unteren Äste nur selten unter dem Gewicht der Erhängten brachen.

Am Eingang des Fuchslochs: braune Hühnerfedern von der Geflügelfarm unten an der Landstraße, die von einem zwei Meter hohen Drahtzaun umgeben ist. Ich hege heimliche Bewunderung für den heimlichen Dieb *Vulpes vulpes*.

Das Huhn ist fachmännisch und effizient gerupft worden.

Hinter dem Wald, auf den Wiesen, ist das Frage-und-Antwort-Spiel der Schafe zu hören, Mutterschaf zu Lamm und zurück. Es ist stetig und rhythmisch wie sanfte Wellen, die gegen eine Hafenmauer schwappen.

29. MÄRZ, abends, 20.15 Uhr: Flechtenlicht.

Das Rotkehlchen singt mit Gusto, testet unterschiedliche Refrains, experimentiert. Es ist der Philosoph unter den Singvögeln.

Die Igel kommen jetzt aus dem Winterschlaf in ihren wasserdichten Nestern aus Gras und Moos. Während ich auf meinem Stuhl sitze, schlurft einer geistesabwesend über meine gummigestiefelten Füße.

Der Wald füllt sich. Es gibt keine freien Blickschneisen durch die Bäume mehr. Das Gefühl von Freiraum, und Licht, ist weg. Die Bäume rücken zusammen.

31. MÄRZ: Der Waldboden rings um die stützenden Wurzelstreben der Lärche ist durchlöchert, wo die Kaninchen die Erde aufgegraben haben, um an die jetzt bloß liegenden weißen Wurzeln zu kommen. Unter den Lärchen und den Fichten tauche ich in eine Stille ein, die sich so dick anfühlt wie Wasser.

Um zwanzig nach acht hat sich der Garway Hill in der Dunkel-heit verloren. Ich kann die Pheromone des Frühlings riechen.

Die Ruhe von alledem. Die alte sächsische Siedlungsgrenze ver-lief gleich westlich von mir; hinter Garway lag das wilde Wales. Der Unterschied ist immer noch spürbar.

Die Amsel hat ihr Nest in der Ulme vollendet. Es ist eine per-fekte Schale aus Gras, Stroh und Zweigen, innen mit Lehm ver-putzt. Die Jahre werden vergehen, aber die Lehmschale wird blei-ben.

APRIL

Blüten

Das gewagte Spiel der Amsel – Willow, das Pony – Sauerklee – Hasenglöckchen – das Lesen von Rinde – Edward Thomas – Mit welchem Vogel identifizieren wir uns? – die Farbgezeiten des Waldbodens – Dolmades aus Bärlauch – Fuchswelpen – die Blätterparade – Verwandlung – Erlengallmilben

1. APRIL: Knospen, Blätter, Blüten, Grashalme – alles vermehrt sich so rasch, dass ich nicht mitzählen kann. Der Teich erstickt unter betäubend lauter Insektenmusik, produziert von Millionen vibrierender Gazeflügel. Der zunehmende Lärm der Insekten ist ein so sicheres Frühlingssignal wie die Ankunft des Kuckucks.

Zwei Zilpzalps veranstalten einen hartnäckigen Sängerwettstreit. Ein Fasanenmännchen gibt ein wunderhübsches Hühner-*Gluck-Gluck* von sich, während es kopfnickend umherschreitet.

2. APRIL: Die Amsel in der Ulme legt ihr erstes Ei, so blau wie der Himmel, der darauf hinabblickt. Das Amselnest ist zur Hälfte den Elementen ausgesetzt. Jede Art hat ihr eigenes Glücksspiel für die Fortpflanzung; weil es blau ist, und dem Licht ausgesetzt, entwickelt sich das Amselei besonders schnell ... ist aber auch für Räuber sichtbar.

In der Schale pulsiert der Fleck, mit dem das Leben beginnt.

3. APRIL: Ich gehe kurz in den Wald, aber meine Gedanken sind anderswo. Willow, das Shetlandpony, ist in den Schweinepferch eingebrochen, hat sich mit Ferkelpellets vollgefressen und so eine Überdosis Getreide abbekommen. Das klingt harmlos, aber er hat eine so schwere Vergiftung, dass er sich nicht bewegen kann; seine Augen und sein Maul sind feuerrot. Um halb acht Uhr abends kommt Helen von der Tierarztpraxis, führt ein Thermometer ein, horcht sein Herz ab. Und verkündet: »Wir sollten ihn einschläfern.« Sie fängt an, ein Stück Haut an seinem Hals für die tödliche Spritze zu rasieren, dann sagt sie plötzlich: »Vielleicht sollten wir noch etwas anderes probieren.« Halb zerrend, halb schiebend bugsieren wir Willow mit vereinten Kräften in einen Pferdeanhänger auf dem Hof, wo Helen zwei Infusionen auf einmal legt und dann vier Liter Bio-Sponge-Lösung (zum Aufsaugen des Giftes) in Willows Rachen gießt. Sie steckt ihn so voll mit Nadeln wie ein Nadelkissen. Wir einigen uns darauf, dass ich Willow, falls sich sein Zustand über Nacht verschlechtert und er wirkt, als habe er Schmerzen, mit einer Schrotladung in den Hinterkopf töten werde. (Es gibt einen guten Grund dafür, dass Bauern Flinten besitzen: für Gnadenschüsse.) Einen Großteil der Nacht lang sitze ich neben Willow, die Lincoln Kaliber 12 auf dem Schoß.

4. APRIL: Helen besucht den »kleinen Mann«, wie sie Willow nennt, am Morgen und am Abend. »Na ja, es geht ihm nicht schlechter«, sagt sie mit vorsichtigem Optimismus.

5. APRIL: Willows Herzfrequenz ist beinahe normal. Er ist allerdings immer noch in der Gefahrenzone, wegen einer möglichen Folgekrankheit, der Hufrehe, bei der sich empfindliches Gewebe im Hufinneren entzündet. Wiederum klingt das relativ harmlos, wiederum kann es tödlich sein. Helen macht kleine Stiefelchen aus

Schaumstoff und Panzerklebeband für Willows Vorderhufe, um das Gewicht auf die weniger anfälligen Hinterbeine zu verschieben.

Ich benutze ein Haumesser für die kahlen, drahtigen Brombeerreste, die die Schafe zurückgelassen haben; winzige Flaggen aus Fell hängen noch darin. Dann baue ich einen Scheiterhaufen im Wald – stets ein heidnisches Vergnügen – und gebe ein wenig Fichtenreisig zu den Brombeerranken; Rauchschleifen steigen träge durch die Eichen empor.

Die ersten Hasenglöckchen klingeln.

Die Waldkäuze haben vier Küken, und Old Brown ist gezwungen, auch tagsüber auszufliegen, um sie zu ernähren.

7. APRIL: In der Schlucht liegt eine alte, umgestürzte Buche in voller Länge, ein zerfallenes Rohr, gefüllt mit seiner eigenen verrottenden Materie und durchtunnelt von Käfern in glänzender Rüstung. Im Mulm blüht stürmisch der Sauerklee, den ich vor zwei Jahren gepflanzt habe, und so erlebt die hingestreckte Buche eine Wiederkunft als riesiger Blumenkasten.

Der Waldsauerklee erfreut sich so hübscher Volksnamen wie Kuckuckssalat, Buchampfer oder Hasenklee.

Früher wurde diese Pflanze angebaut; ihre zitronigen Blätter sind essbar und geben Fischsoßen Pfiff. George Orwell erinnerte sich unter seinem autobiografischen Decknamen George Bowling in seinem Buch *Auftauchen, um Luft zu holen* daran, dass für einen Jungen vor dem Ersten Weltkrieg Sauerampfer »besonders schmackhaft auf Butterbrot« war, bemängelt aber den »säuerlichen Geschmack« von Sauerklee.

In den südlichen Teilen Englands kommt der Sauerklee rechtzeitig heraus, um den Kuckuck und das Osterfest zu begrüßen –
viele seiner englischen Volksnamen wie *cuckoo's meat* oder *Easter-
bells* beziehen sich auf den Vogel und das Fest.

8. APRIL: Als ich noch ein Kind war, unternahmen wir Frühjahrs-
expeditionen in die Wälder von Woolhope, um Blumen zu pflücken. Ich erinnere mich daran, wie meine Mutter systematisch die
Blütenblätter eines Hasenglöckchens mit den Fingernägeln durch-
ging. Sie hatte gerade ein Buch über griechische Mythologie gele-
sen (Robert von Ranke-Graves' Sammlung, glaube ich) und suchte
nach einem »AI AI«-Zeichen auf der Blüte. Das sei, erklärte sie mir
– sie war Lehrerin –, der altgriechische Klagelaut, den Apoll nach
dem Tod des spartanischen Prinzen Hyakinthos daraufgeschrie-
ben haben soll. Weil das Hasenglöckchen zur Familie der Hyazin-
then gehört, war ihr der Gedanke gekommen, es könne die Mar-
kierung tragen.

Das Hasenglöckchen war unmarkiert, und erst als wir zu Hause
Grigsons *Flora* konsultierten, entdeckten wir, warum: Das Hasenglöckchen heißt *Hyacinthoides non-scripta*, wobei der ungewöhn-
liche zweite Teil des wissenschaftlichen Namens »nicht beschrif-
tet« bedeutet, um es von der richtigen Hyazinthe zu unterscheiden.
Für mich kam das schon zu spät. Eine Idee hatte sich eingenistet
– das Hasenglöckchen war für mich die Blume der griechischen
Tragödie.

Das ist bis heute so, und als ich am Abend den süßen, kühlen
Duft der Hasenglöckchen einatme, sehe ich im violetten Zwielicht
den schmerzgekrümmten Prinzen vor mir.

Nach dem Volksglauben sperrten Elfen Vorübergehende in
Hasenglöckchen ein. Wer einen Kranz aus Hasenglöckchen trug,
konnte nicht anders, als die Wahrheit zu sagen.

Die Hälfte aller Hasenglöckchen der Welt wachsen in Großbritannien: Sie sind ein Teil unserer Inselgeschichte. Wenn man sie
zerdrückt, geben sie eine schmierige Substanz ab – das weiße, klebrige Zeug, mit dem jahrhundertelang Blätter in Buchrücken und
Federn an Pfeilen festgemacht wurden.

Am Waldrand wirbelt ein Schneesturm aus Blüten der Wildkirschen, von denen es vier in Cockshutt gibt. Wie der Dichter A. E.
Housman schrieb, lassen Kirschblüten den Baum wirken, als hinge
er »voll mit Schnee«.

Die Fitisse, die letzte Woche angekommen sind, singen. Weißdorn, Holunder und Bergahorn tragen Blätter. Eine Hummel landet auf einem Salweidenkätzchen, Wattebausch auf Wattebausch.

Ich sitze am Teich: über mir das Zwitschern der Schwalben auf
der Durchreise nach Norden.

20.10 Uhr abends. Ein Gang durch den Wald mit der Schrotflinte; vierzehn Tauben räumen in eiliger Notevakuierung die Lärche.

Um Ringeltauben zu jagen, braucht man Naturbeobachtung,
schnelle Reaktionen und pure, konzentrierte Schlauheit. Wie der
Fuchs.

Zwergfledermäuse, aus dem Winterschlaf erwacht, patrouil-
lieren über dem Teich, unter einem entspannt durchhängenden
Sichelmond.

Das Lesen von Rinde: Das habe ich schon öfter getan und dabei
gelernt, Bäume anhand der Brailleschrift ihrer Rinde zu identifizieren. Aber Cockshutt hat Bäume, die mir neu sind, darunter die
Wildkirsche, deren picklige, aber präzise Ringe am Stamm emporsteigen bis ins Unendliche. Sie ist mein Abakus-Baum, den ich
einritze, wenn ich Schafe zähle – pro Mutterschaf ein Ring. Die
pickligen Ringe sind Lentizellen, erhabene Poren, die einen Gas-

austausch zwischen der Umgebungsluft und dem darunterliegenden Gewebe ermöglichen.

9. APRIL: Der Jahrestag von Edward Thomas' Tod in Arras, und ich gehe in den Wald, um die Abendandacht zu besuchen. Ich zu den Vögeln: »Singt!«

Edward Thomas war nie entscheidungsfreudig. Robert Frosts weltberühmtes Gedicht »*The Road not Taken*« (»Der unbegangene Weg«) ist weniger eine existentielle Aussage als ein Scherz über den ewigen Wankelmut seines Freundes Thomas, bei allem und jedem. Als Thomas die Notwendigkeit erkannt hatte, für Englands Wiesen, Wälder und Bäche zu kämpfen, hatte er dennoch Probleme mit der eigenen Unentschlossenheit. Es war eine Eule, die ihn zuletzt und unwiderruflich dazu brachte, seinen Beitrag für König und Vaterland zu leisten:

[…] *Gänzlich ausgesperrt war die dunkle Nacht*
Bis auf den Eulenschrei, den melancholischen Schrei,

Der lang und klar oben vom Hügel kam,
Kein freudiger Ton und kein Anlass zu Heiterkeit, in der Tat,
Sondern ein Ton, erzählend von dem, dem ich entkommen war,
Was anderen nicht gelungen war, in dieser Nacht, als ich das
    Haus betrat.

Und gesalzen war mein Mahl und meine Ruhe,
Gesalzen und ernüchtert zugleich, durch diesen Schrei,
Der für alle sprach, die unter den Sternen lagen,
Soldaten und Arme, sich zu freuen stand ihnen nicht frei.

Das war keine Dichterpose. Edward Thomas hatte eine so enge Verbindung zur Natur, dass er die Vögel als seine wahren Landsleute betrachtete. Oder die Bäume. Als jemand nach der Bedeutung seines Gedichts »Espen« über eine Gruppe dieser Bäume an einer Dorfkreuzung fragte, erwiderte er: »Ich bin die Espe.«

Später: In der unermesslichen, reinen Stille des Waldes höre ich den Tod einer Feldmaus, gefangen von Old Brown, einen Sechzehntelton aus Wimmern, als sie ihr seit Urzeiten vorbestimmtes Schicksal erkennt – dass die Krallen des Archaeopteryx eines Tages ihren Rücken durchstechen.

10. APRIL: Das Wasser des Teichs liegt in glasiger Starre gefangen, absolut ruhig bis auf die wandernde Silberwelle des Teichhuhns, aus Abendlicht gegossen.

Mit welchem Vogel identifizieren wir uns? Das ist ein Psychotest, besser als der von Hermann Rorschach. Heute entscheide ich mich für das Teichhuhn, diesen schüchternen Beobachter am Rande. Bei Partys findet man mich immer in der Küche.

Warum, warum nur sind die Menschen so hingerissen von Raubvögeln?

Am Teich singt sich ein Rotkehlchen die Seele aus dem Leib, weiter entfernt Amseln und Taubenpärchen. In der verklingenden Ferne ein Waldlaubsänger.

11. APRIL: Während des Zweiten Weltkriegs durchforstete John Stewart Collis einen sechs Hektar großen Eschenwald in Dorset (»zwischen Iwerne Minster und Tarrant Gunville«), der seit achtzehn Jahren verwildert war und in dem er »keinen Meter unge-

hindert vorankam«, nicht zuletzt wegen der »erdrosselnden Seile jenes Henkersstricks, den man Geißblatt nennt«. Er merkte, dass das Waldschauspiel, das ihn »am stärksten faszinierte und ermutigte, das der Verwesung war«.

In der Renaissance gab es das Motto *Et in Arcadia ego* (»Auch ich [der Tod] bin in Arkadien«). Alfred Tennyson nahm das wahr:

Der Wald verwest und fällt,
Die Schwaden tropfen weinend ihre Last zu Boden.

Eines der Schweine ist in den Wald entkommen und hat einen verfaulten Holunderstamm ausgegraben; die moosbedeckte Rinde ist noch fest, das Innere aber weich wie ein nasser Schwamm; je tiefer ich stochere und das Labyrinth freilege, desto weicher wird das Holz. Es gibt ein Elfenschloss aus winzigen weißen Pilzen, ein mykologisches Neuschwanstein, und dann einen braunen Tausendfüßler mit seinen beiden Miniaturausgaben-Babys; es ist unmöglich, sich Tausendfüßler als Babys vorzustellen. Und zwei Asseln.

11. APRIL: Die ewig gleichen Gezeiten der Bodenfarben in englischen Wäldern: Grün (Wald-Bingelkraut) > Gelb (Sternbilder aus Scharbockskraut) > Weiß (Buschwindröschen) > Violett (Hasenglöckchen).

Ich sitze in meinem Stuhl. Der Wind treibt die Gänschen, die Weidenkätzchen, in einem wirbelnden Regency-Quadrilletanz rings um den Teich.

Seltsam, dass Weiden mit Kummer und Trauer in Verbindung gebracht werden. In Shakespeares *Hamlet* ertrinkt Ophelia unter einem Weidenbaum. In biblischer Zeit galten sie als festliche Bäume.

Außerdem brennt ihr Holz gut.

Oben in den Wildkirschen hängen Sträußchen über Sträußchen aus Blüten.

Der Haselbusch reiht sich in die Blätterparade ein.

Wider alle Erwartung hat sich Willow, das Pony, vollständig erholt und wird als Tierarztpatient offiziell entlassen. Dies ist nicht sein erstes selbst verschuldetes Knapp-am-Tod-Vorbeischrammen. Er ist das Pony mit den sieben Leben.

Wir lieben ihn.

13. APRIL: Die Ringeltauben paaren sich; sie sind so beschäftigt mit ihrem gewalttätigen, nackenbeißenden, staubaufwirbelnden Begattungsakt auf der Lärche, dass ich mich ihnen bis auf drei oder vier Meter nähern kann.

Weil die Bäume noch nicht ganz bekleidet sind, kann ich die kleinen Vögel sehen, die in ihnen arbeiten – ein großer Bestimmungsvorteil im Vergleich zu voll belaubten Bäumen, in denen Vögel nur huschende Umrisse und Tonfetzen bilden. Die Waldlaubsänger sind in Cockshutt angekommen. Sie sind die letzten Besucher aus Afrika und die größten unter den Laubsängern (die anderen sind der Fitis und der Zilpzalp). Gilbert White bezeichnete den Reviergesang des Waldlaubsängers als »zischenden, zitternden Laut in den Wipfeln hoher Wälder«.

Alle Laubsänger sind Fleischfresser, die wegen der im Frühjahr schlüpfenden Insekten zu uns kommen. In einem Wald gibt es nicht viele vegetarische Vögel.

Und ich frage mich, wie jedes Jahr, womit Darwins schwerfällige Evolutionstheorie erklärt, dass der erste Laubsänger beschloss, achttausend Kilometer weit zu fliegen, um den Sommer in Großbritannien zu verbringen, und dann achttausend Kilometer zurück nach Afrika, um den dortigen Sommer zu erleben.

Vier Schwalben kommen an der Pool Farm unten im Tal an, ziehen aber weiter. Der Vogelzug ist kein stetiger Verkehr, sondern ein Strudeln (wegen der Unterbrechungen für Nahrung und Wasser) und ein Fließen.

14. APRIL: Erstes Licht. Der Morgenchor im Wald beginnt mit einem Fasan, der in einem See aus Hasenglöckchen steht, dem blühenden »Stolz der Wälder«.

Die Eichenknospen brechen auf; viele von ihnen sind besonders dick, weil sie Blätter und Blüten enthalten. In der Schlucht stinkt der Bärlauch. Der Knoblauchduft ist stark genug, um Jagdhunde von der Spur eines Fuchses abzulenken – wenn Reineke schlau genug ist, durch Bärlauch zu rennen.

Bärlauch kommt in ganz Großbritannien vor; er mag Schatten und feuchte, neutrale Erde, daher seine Vorliebe für Laubwälder und Dickichte. Oberflächlich ähneln seine Blätter denen des Hasenglöckchens, aber wenn man eines zerdrückt und es nach Knoblauch riecht, ist es Bärlauch.

Die Zeit des Baumfällens mag vorüber sein, aber ein Wald ist trotzdem noch ein nützlicher Lieferant. Bärlauchblätter eignen sich beim Kochen gut zum Einwickeln – wie Weinblätter. Und ihr Geschmack ist weniger durchdringend als der von Knoblauch. Der weitverbreitete Lokalname *ramson* stammt vom altenglischen *hramsa* ab. Ramsey in Essex und Ramsbottom in Lancashire sind nur zwei Orte, die ihren Namen den üppigen lokalen Vorkommen dieses Krautes verdanken.

Dolmades aus Bärlauch

80 Bärlauchblätter
1 Zwiebel, fein gehackt

100 g gekochten Risottoreis

2 Teelöffel Minze oder Wasserminze

Olivenöl

4 Esslöffel Wasser

1 Zitrone

1 Esslöffel Tomatenmark

1–2 Tassen Gemüsebrühe

Die Bärlauchblätter zum Blanchieren eine Minute lang in kochendes Wasser tauchen, in ein Sieb kippen und abtropfen lassen.

Die Zwiebeln in Olivenöl anschwitzen, bis sie glasig sind.

Den Herd abstellen und den Reis und alle restlichen Zutaten außer der Gemüsebrühe gründlich unterrühren.

Zur Seite stellen.

Drei Bärlauchblätter leicht überlappend nebeneinander legen. Einen Teelöffel Füllung in die Mitte geben und zu einer Rolle formen, die quer über die Blätter läuft. Dann die Bärlauchblätter fest über die Füllung rollen – versuchen Sie dabei, die äußeren Blätter so nach innen zu falten, dass ein kleines, fest gewickeltes Päckchen entsteht. Nach dem Aufrollen mit einem Zahnstocher feststecken. Wenn Ihnen diese Methode zu frickelig ist, legen Sie die Bärlauchblätter über Kreuz und falten Sie sie über einen Löffel der Füllung.

Die Kunst des Dolmades-Füllens ist alt und voller Mysterien; man erlernt sie nicht in Minutenschnelle. Sie werden also Geduld brauchen.

Weitere Dolmades rollen, bis die ganze Füllung aufgebraucht ist. Die restlichen Bärlauchblätter auf dem Boden eines großen Schmortopfs oder eines anderen Topfs mit Deckel auslegen. Das verhindert, dass die Dolmades anbrennen. Die Reistaschen dicht an dicht daraufpacken, wenn nötig, in zwei oder gar drei Schichten.

Ungefähr drei Esslöffel Öl und die Gemüsebrühe darübergeben. Bei niedriger Temperatur etwa 30 Minuten lang im Ofen garen, dann sollte die Flüssigkeit aufgesogen sein. Die Dolmades können als Vorspeise mit Zaziki serviert werden oder als Hauptgericht auf einem Gemüsebett.

Die genannten Zutaten sind alle optional. Experimentieren Sie nach Lust und Laune. Halloumi-Käse bindet gut; Hackfleisch vom Rind, Lamm oder Schwein wäre eine traditionelle Zutat.

16. APRIL: Schnee fällt durch die Eichen, in weltuntergangshafter Trostlosigkeit. So wird der nukleare Winter aussehen.

Fallender Schnee verursacht ein unerwartetes Zischen.

17. APRIL: Die Wolken bilden riesige Kontinente über meinem Kopf; sie spiegeln die Bewegung der terrestrischen Kontinente über die Erdkruste im Zeitraffer.

Eine Ringeltaube hockt auf einem Weißdornästchen. Perfekt ausbalanciert – ist der Zweig kräftiger, als ich denke, oder die Ringeltaube leichter?

Vom Teich hebt ein Stockenterich ab.

Ein Kleiber flüstert mir ein Geheimagenten-*Psst* zu, als ich vorbeikomme.

Girlanden aus grünlichen Blüten baumeln an den Bergahornen. Als importierte Pflanze beherbergt Bergahorn nur eine relativ kleine Insektenfauna von etwa fünfzehn Arten. Allerdings produzieren männliche wie weibliche Blüten reichlich Nektar, und die Larven verschiedener Mottenarten nutzen die Blätter als Nahrungsquelle. Außerdem lockt das Laub Blattläuse an und anschließend die Schwebfliegen und Marienkäfer, die sich von ihnen ernähren.

18. APRIL: Eichenblätter schimmern in limettengrüner Transparenz.

Die Wildkirschen – feste, gerade Pfähle – bleiben blütenlos, bis ihre Krone die Nachbarbäume anderer Arten überragt.

Der Wildapfel ist der niedlichste aller Bäume, mit seinen aufwärtsgerichteten rosa-weißen Blütenschalen. Seine Zweige fallen skulptural hinab zum Boden. Heute bilden die beiden Bäume Lauben aus rosigem Weiß.

Warum sind die Blüten von Bäumen weiß oder cremeweiß? Damit Bestäuber sie unter dem dämmrigen Blätterdach sehen können?

Unter einer der Tannen sieht die zerbrochene Schale eines Taubeneis aus wie rissiges weißes Porzellan.

Die Waldluft verblasst zu eintönigem Fernsehgrau. Wenn alle Farben verschwunden sind, gibt es nur noch Abstufungen von Schattierung, von Körperlosigkeit. Das Wolfslicht.

Als ich bis auf zwanzig Meter an den Fuchsbau heranrobbe, sehe ich, dass die vier Welpen draußen sind, über der Erde. Sie rollen herum. Purzeln übereinander. Jagen sich. In der Abendsonne sehen sie reizend aus, ihr Fell leuchtet im Frühlingslicht.

Eines Abends sah ich die Füchsin mit einem Kaninchen heimkommen; voll echter mütterlicher Fürsorge riss sie es in vier Teile, weil jeder Welpe ein gleich großes Stück bekommen sollte.

Ich versuche, mich noch näher heranzuschieben, aber eine verräterische Brombeerranke kratzt laut genug über meine Hose, um die Welpen zu erschrecken. Sie schauen direkt zu mir herüber;

ihre Augen sehen aus, als wären sie mit Topas gefärbt. Die Welpen zeigen keine Angst, aber ihre Mutter ist klüger und ruft sie vom Spielen herein.

Im April ist der Wald der beste Ort von allen.

19. APRIL: Der erste Tag mit tiefem Insektensummen im Inneren des Waldes (im Gegensatz zum Teich); »tief« wie tief unten und tief drinnen.

Die Bewegung von Stockenten auf dem Wasser: gleitende Magie.

23. APRIL: Nervtötende Schwärme von Markusfliegen hängen mit ihren baumelnden Beinen im Wald herum und sind andauernd im Weg. Sie kommen zwei Tage zu früh, das sollte ihnen jemand sagen: Am 25. April ist Markustag.

24. APRIL: Der Abend geht in die Nacht über, es ist ungefähr neun Uhr abends. Ich sitze auf meinem Stuhl, müde von der Landarbeit, von der Bucharbeit, von Tagen, die um fünf Uhr früh beginnen. Ein Igel stromert vorbei, und ich schrecke hoch.

Die Bussarde bauen ihr Nest in einer Erle unten in der Schlucht. Einer fliegt darüber, mit einem Stock im Schnabel.

Mit dem Schnabel voll Schlamm vom Teichufer wird die Mehlschwalbe rückwärts geblasen, fängt sich wieder, stellt die Flügel gerade und fliegt auf ihrem vorbestimmten Kurs weiter: Woher weiß sie, wie man baut? Das Lehmhaus, in dem sie auf die Welt kam, wurde schon vor ihrer Geburt konstruiert. Liegt etwas in ihrer DNA, oder können Vögel einen Geheimcode des Universums anzapfen und wir nicht?

Es gibt einen Moment in der herabsinkenden Dunkelheit, in dem Bäume so substanzlos sind wie Dampf.

25. APRIL: Die Eichenblätter sind draußen; die Buchenblätter sind draußen. Die Buche trägt den wissenschaftlichen Namen *Fagus sylvatica*; dieser elegante Baum, der über 35 Meter hoch werden kann, liefert in der Tat maigrüne Blätter, die man in Salate oder Suppen werfen kann. Im Zweiten Weltkrieg versuchte das Hitler-Regime, getrocknete Buchenblätter als Ersatz für Tabak zu verwenden.

26. APRIL: Sonnig, zehn Uhr morgens. Der Waldboden ergrünt allmählich, sodass Cockshutt unten und oben grün ist.

Die Esche bleibt bockig unbelaubt. »Kommt als Letzte, geht als Letzte«, wie man auf dem Land sagt.

Die Wildkirsche am Teich steht in Blüte. Die Blüten haben einen unverwechselbaren Geruch: nasser Hund mit Limette.

Ein einsames Tagpfauenauge wärmt sich auf dem ausgetrockneten Lehm des Weges. Mit ausgebreiteten Flügeln zeigt es seine vier Augenflecken – plötzlich enthüllt, können sie Vögel verjagen. Schmetterlinge sind morgens leichter zu bestimmen, wenn sie sich noch aufwärmen.

Heute gibt es eine Nanosekunde, in der die Erleuchtung zuschlägt: Ich komme an den Buchen vorbei, deren elegante Schäfte sich aus dem braunen Boden erheben, und verstehe, dass sie eine Allegorie für ein anderes, alternatives England sind. Anders als die Herzhaftigkeit der Eiche.

27. APRIL: Schnee, leichter, eigentlich gar keiner. Ich verbringe zwei Stunden damit, Ahornsämlinge zu jäten, um den Vormarsch des Bergahorns aufzuhalten und die untere Lichtung zu vergrößern.

Ein junges Tier zu töten – einen Welpen, ein Kätzchen, ein Ferkel, ein Fohlen – ist entsetzlich; einem älteren das Leben zu nehmen fällt einem leichter. Bei Bäumen ist es umgekehrt. Ich habe keine Gewissensbisse, die Ahornschösslinge totzuhacken, aber beim Fällen eines ausgewachsenen Baumes würde ich – Sie wahrscheinlich auch – ein paar Tränen vergießen.

Jetzt, wo die Säfte steigen und die Vögel nisten, ist dies für eine Weile die letzte Waldarbeit.

Nachmittags stochere ich in einem toten Baum herum. Löcher und Risse; ich bewundere Rindenmuster, vor allem die Schnörkel in der Rinde der Esskastanie.

Über dem kupferbraunen Teich steht das Schilf inzwischen sechzig Zentimeter hoch; je stärker es wächst, desto kleiner wird der Teich. Das Fasanenmännchen stolziert den Reitweg entlang. Die Henne sitzt auf ihrem Nest in den Brombeeren, auf das ich gestern gestoßen bin; sie machte eine winzige Kopfbewegung, die ausreichte, um sie zu verraten. Sie verwandelte sich in eine Statue und saß das Ganze auf ihren Eiern aus.

28. APRIL: Eines der Schafe ist in den Graben unterhalb des Teiches gefallen; er ist fast zwei Meter tief. Es hat sich beide Vorderbeine gebrochen, also hole ich die Flinte.

In den Graben hinunterzuklettern ist wie der Abstieg in die Unterwelt. Der Boden ist ein Orkus aus Farnen, Moos, Schleim, Efeuschlangen, dem Rückgrat eines unbekannten Tieres. Das dahinjagende Wasser dröhnt gegen die Wände.

Frisches Blut leuchtet überraschend scharlachrot, so lebendig, ganz anders als das matte Umbra von Fleisch im Metzger- oder Supermarktregal.

Vielleicht muss man in die Tiefen hinabsteigen, um den Frühling schätzen zu lernen. Als ich auf der Suche nach einem Rückweg nach oben schaue, flattert und gleitet ein Zitronenfalter unbeschwert über das Himmelsdach, frisch aus dem Winterschlaf.

Das Männchen dieser Spezies ist so sattgelb, dass es der ganzen Schmetterlingsfamilie ihren englischen Namen gab: *butterfly*.

29. APRIL: Verwandlung. Cockshutt ist unruhig, erfüllt von Frühling, Hormonen, Paarung, Nestbau. Wachstum. Die Lebenskraft des Frühlings ist unaufhaltsam – das beweisen die Pflanzen, die sich nach draußen zwängen und sogar die harte Erde des Weges zur Seite stemmen.

Das Hin und Her der Vögel: Der Specht startet von einem Telegrafenmast, quietschend wie eine Gummiente, und fliegt zur Esche; der Baumläufer fliegt im Zeitraffer über dem hinteren Ende des Teiches vor und zurück und graviert seine Spur in die Szenerie.

Die Luft hat eine Präsenz, eine Weichheit, eine Leichtigkeit, die noch vor zwei Wochen nicht da war. Der Winter entschwindet in die Erinnerung.

Am oberen Ende des Waldes veranstaltet eine Kuh einen ungeheuren Radau, sie trötet unaufhörlich. Dann schießt mir, über jahrzehntelangen Abstand hinweg, das Wort *»bellocking«* durch den Kopf; das ist der Dialektausdruck, den mein Großvater für das laute Muhen einer Kuh verwendet hätte.

Dieses eine Wort öffnet eine Tür wie eine Plastikkarte, die man in ein Schloss steckt. Dialektworte aus meiner Kindheit strömen mir auf die Zunge. Das Rennen von Kühen heißt *»skelloping«*, der Dachs *»Mr Teddy«*, der Spatz *»spadger«*, die Wespe *»jasper«*. Wenn dunkle Wolken ein Gewitter bringen, sagt man: *»It's black over Charlie's mother's.«*

In einem nostalgischen Anfall stelle ich eine Liste alter Wald-Begriffe aus Hereford zusammen, herausgesucht aus Winifred Leeds' *Herefordshire Speech* und George Cornewall Lewis' *Old Herefordshire Words*:

VÖGEL UND ANDERE TIERE

Billy-ploughboy (Billy, der Ackerknecht) – Trauerbachstelze

Bottle tit (Flaschenmeise) – Schwanzmeise

Chooky pig (Hühnchenschwein) – Assel

Clover snapper (Kleeschnapper) – Kaninchen

Devil's screecher (Teufelskreischer) – Mauersegler

Dishwasher (Tellerwäscher) – Trauerbachstelze

Kitty (Kätzchen) – Dorngrasmücke

Maggoty pie (Wurmige Pastete) – Elster

Nettle creeper (Brennnesselkriecher) – Zaungrasmücke

Pie-finch (Pastetenfink) – Buchfink

Storm cock (Sturmgockel) – Misteldrossel

Writing lark (Schreiblerche) – Goldammer

WALD

Apple-headed (apfelköpfig) – Baum, dessen Äste weit
  unten ansetzen

Baby's bottle (Babyflasche) – Aronstab

Cockshutt (Schnepfenfalle) – Lichtung, auf der
  Waldschnepfen in Netzen gefangen wurden

Devil's snuffball (Teufelsschnupftabak) – Bovist

Elves' mittens (Elfenfäustlinge) – Fingerhut

Goslings (Gänschen) – Weidenkätzchen

Mad Meg (Verrückte Meg) – Zaunrübe

Maybush (Maibusch) – Weißdorn

30. APRIL: Auf Erlenbäumen kommt die Erlengallmilbe (*Eriophyes laevis*) vor, die winzige, anfangs grüne, später rötliche runde Bläschen auf der Oberseite der Blätter produziert. Jedes Bläschen hat an der Blattunterseite eine Öffnung, durch die die Milbe im Herbst schlüpft, wenn sie ausgewachsen ist.

Die unteren Blätter der Erle an der Koppel sind von Gallen vollkommen übersät, gute Nachrichten für die kleinen Insektenfresser unter den Vögeln, die so viele der Bläschen herausgepickt haben, dass die Blätter ganz durchsiebt sind.

Heute ist die »Walpurgisnacht«, in der Shakespeares *Sommernachtstraum* (1595/96) spielt; die Nacht der Hexen.

MAI

Blätter

Grüner Schatten – Waldkauzküken – Maifeste – Kuckuck – Nupend Wood – Morgenchor – Paarung der Eintagsfliegen – ein Ort zum Philosophieren – eine Explosion Buntstieliger Helmlinge – Aronstab – schickt die Auerochsen rein – Oak Apple Day – Vogelgesang

1. MAI: Der erste echte Tag grünen Schattens. Knospen und Blätter explodieren.

Die drei jungen Käuzchen hängen wie Wattebäusche in der Esche; auf den ersten Blick könnte man sie für aufgerollte Söckchen halten. Eines fällt in die Biegung eines tiefer liegenden Astes; es klettert wieder empor, indem es sich mit dem Haken seines Schnabels und seinen in angenehmem Gleichklang schabenden Krallen emporzieht.

Eintagsfliegen fallen auf den Teich und sterben wie tragische Ballerinas. Zwei Jahre lang lebt die Eintagsfliege als Larve im schlammigen Wasser, dann taucht sie für ihre kurze, tanzende Sternstunde auf, für ihren Moment im Rampenlicht.

Blätter haben Atemlöcher, durch die Luft eindringen kann; ein Blatt entsteht aus Sonnenlicht und Wind.

Bei meinem Spaziergang störe ich das Teichhuhn auf, das fußbaumelnd flach davonfliegt und Narben auf der Wasserfläche hinterlässt.

Plötzlich ein Aufschrei des Buntspechts. Einige Vögel lassen ihren Gesang nach unten tröpfeln; der Specht sendet seinen Ruf immer entlang einer waagerechten Linie, weil er im Flug singt.

In den Farbgezeiten des Waldbodens sind die Hasenglöckchen auf dem Höhepunkt ihrer Pracht und Majestät; die Buschwindröschen senken unterwürfig die Köpfe. Nur eine Blüte ist aufgerichtet; ein stolzer Knut der Große unter den Buschwindröschen.

Fichten sind die Feinde der Hasenglöckchen. Diese wachsen nur unter Bäumen, die Licht durchlassen; das tun selbst Lärchen und Buchen. Ich schlage vor, große Ansammlungen von Hasenglöckchen mit dem Sammelbegriff »Euphorie« zu bezeichnen. Violette Düfte tragen mich, wenn ich sie durchquere, und ihr zarter Honigduft. Der Dichter Gerard Manley Hopkins betrachtete ein Hasenglöckchen und sah darin nicht weniger als »die Schönheit unseres Herrn«. Hopkins, der immer ein Händchen für Neologismen hatte, erfand das Wort *inscape*, »innere Landschaft«, für »Gottes Ausdrucksformen Seiner selbst außerhalb Seiner selbst«.

Eine Ringeltaube hat am Schweinegatter ihr Nest konstruiert; es ist eine derart unzulängliche Angelegenheit aus kreuz und quer hängenden Stöcken, dass mein Herz seiner Erbauerin zufliegt wie das eines Vaters dem Kind, das ein Häuschen baut.

In alten Zeiten wären die Leute heute zum »*Maying*« gegangen und hätten Frühlingsgrün ins Haus geholt, um zu bekräftigen, dass Menschen und Natur zusammenleben sollten. John Stow, ein Altertumsforscher der Tudor-Zeit, schrieb: »Im Monat Mai, und zwar am Morgen des ersten Maientages, pflegten alle Menschen (die verhinderten ausgenommen) in den süßen Wiesen und grünen

Wäldern zu wandeln, um dort ihre Gemüter an der Schönheit und dem Duft süßer Blumen zu erfreuen und am Klang der Vögel, die Gott auf ihre Weise preisen.«

Die Festlichkeiten zum Ersten Mai wurden oft fleischlich. Die steigenden Säfte und all das. Die anonyme Feder hinter »*A Pleasant Countrey Maying Song*« reimte um 1629:

Wenn Rotkehlchen mit Drossel singt,
Musik in jedem Busch erklingt.
Solang sie hübsche Noten schmettern,
Junge Männer zu den Maiden klettern.

2. MAI: Ein neuer Klang im Wald: der von Regen auf ausgewachsenen Blättern – wie sächsische Krieger, die auf ihre Schilde schlagen.

3. MAI: Ein neuer Anblick im Wald. Kuckucke sind scheue Vögel, aber heute fliegt bei Tagesanbruch einer über meinen Kopf hinweg, so dicht, dass ich seine gebänderte Brust sehen kann. Er rief (sie singen im Flug), während er durch den Buchenhain kreuzte. Und ich frage mich: Wie lange wird der Kuckuck noch der Herold des Frühlings sein? Seit Anfang der 1980er-Jahre sind die Bestände in England um 65 Prozent zurückgegangen.

Kuckuck. Kuckuck.

4. MAI: Der Kuckuck ist nicht geblieben.

Aber, und dafür danke ich Gott, die Mönchsgrasmücke kommt an, sofort an ihrem typischen Kieselsteinklickruf zu erkennen, obwohl ich sie beim Hinaufschauen nicht sehen kann.

Unter der Lärche liegt ein Fasanenei, birnenförmig und olivgrün – und durchlöchert vom Schnabel eines Raubvogels.

Am Abend rasen elf schwarze Mauersegler durch die Luft: kleine, krakeelende Armbrüste. Sie sind aus Afrika zurück und kreischen ihre Begeisterung darüber heraus, wieder hier zu sein. Willkommen zu Hause.

Der Wald füllt sich mit Vögeln. Fast alle hohlen oder teils abgestorbenen, efeubedeckten Bäume tragen Nester von Blaumeisen, Spechten, Buchfinken.

Ich sammle zarte Eichenblätter für Eichenblattwein. Die Blätter der Eiche sind ziemlich schnörkelig und kunstvoll für einen so hartgesottenen Baum. Wie alle wahrhaft guten Dinge hat die Eiche sowohl Zartheit als auch Stärke.

Einmal habe ich ein Buch meinem Sohn als »meiner englischen Eiche« gewidmet – er war, wie seine 85-jährige Ururgroßmutter anmerkte, als sie seinen Babykörper im Arm hielt, »stark, aber auf eine nette Art«. Sie wusste, wovon sie sprach. Ururgroßmutter Margaret war Bauersfrau gewesen; mehr noch: Sie war die weibliche Spitze eines Bauernstammbaums, der direkt, ohne Umwege, bis ins dreizehnte Jahrhundert zurückführte.

Im Vogelhochhaus gibt es fünf Zaunkönigbabys.

6. MAI: Ich habe einen Termin in London und fange deshalb schon um halb fünf Uhr morgens mit der Farmarbeit an. Nach den Rindern und Schafen sehen. Den Lämmern ein wenig Weizenkonzentrat geben (vor allem, um sie zu zähmen). Fünf Säcke Sauenfutter (auch aus Weizen) in den Landrover laden, hinüberfahren nach Cockshutt, ausladen, die Schweinetröge auffüllen. Undankbarerweise schnarchen die Schweine weiter.

Ich schaue auf die Uhr. Ich kann zehn Minuten riskieren (es ist mir sowieso egal – im Wald zu sein, hat für mich Vorrang) und in den Cockshutt Wood spazieren.

Die Freude der Morgendämmerung im Wald. Büsche werden von der Fantasie in Skulpturen verwandelt, die Trugbilder des Nebels in Lebewesen: ein sich aufrichtender Bär, ein springender Tiger.

Die Sonne geht auf, um den Nebel auszulöschen; in ihrem forensischen Licht werden die Bäume beruhigend fest und solide. Freundlich.

Abends komme ich auf dem Heimweg wieder an Cockshutt vorbei: Die Bäume kehren in ihr Schattendasein, in die Substanzlosigkeit zurück.

7. MAI: Wir unternehmen einen Arbeitsausflug zum Nupend Wood in Fownhope, den der Herefordshire and Radnorshire Wildlife Trust 1973 mit Spendengeldern Beech erworben hat.

Nupend ist der perfekte Wald, die Vorlage, das Musterbeispiel. Ich kenne ihn seit meiner Kindheit.

An diesem Sonnen- und Regentag nehmen Penny und ich den Wanderweg durch das Wye Valley und kommen von der Seite im oberen Teil des Waldes an, wo die Nadelbäume wachsen.

Ein roter Heliumballon, von einer Party hergeweht, hängt an einem Ast und zieht die Aufmerksamkeit auf sich, genau wie die rote Boje auf William Turners Bild *Helvoetsluys*.

Nupend hängt zu beiden Seiten eines Kalksteinkamms. Teile des Waldes dienten einst als Steinbruch, was den betreffenden Stellen ein faszinierendes, verkrümmtes Aussehen gibt. Zum letzten Mal habe ich solchen Boden auf dem kriegszerlöcherten »Hill 40« in Ypern gesehen. Welcher Unterschied besteht für die Natur zwischen Schaufel und Artilleriegranate?

Aber dies ist hauptsächlich lieblicher alter Wald, vor allem aus Eschen und Eichen, mit riesigen Eiben auf dem Grat, angespült von den Hochwassern heidnischer Zeitalter. Die Eibe *(Taxus bac-*

cata) ist neben der Kiefer unser einziger einheimischer Nadelbaum. Der arme Wacholder ist nur ein Strauch.

Ich berühre die seltsamen, von der Zeit glatt geschliffenen Stämme der Eiben. An den Fingerspitzen fühlen sie sich an wie meerwassergetränktes Treibholz.

Sollen wir einmal aufrichtig sein? Wälder sind manchmal langweilig mit ihrem klaustrophobischen, ewig gleichen Rundumblick. Bäume, Bäume, Bäume! In Nupend hebt sich der Vorhang für immer neue Szenen, wie in einem Theaterstück: in die Höhe ragende Eichen, Wiesenlichtungen voller Hasenglöckchen, von Drosseln als Minarette benutzte Tannen, die schiefen Abhänge hinunter zum Ufer des Wye. Die Erde singt Noten von Fuchs, Fäulnis und Farn.

Unter funkelnden feengrünen Lichtflecken wachsen Walderdbeeren. Helle Lehmpfade zweigen sternförmig und verlockend ab. Wildfährten sind in den Schlamm gestempelt. Spechte schlagen sanft die Trommel der gewaltigen, uralten Stille. Es gibt frühe violette Orchideen und geeigneten Lebensraum für Stinkende Schwertlilien: Wir sehen ihre Gladiolenblätter neben dem Fahrweg. (*Gladioli* alias *gladwyn*, altenglisch für »Schwert«.) Der Weg hinunter zum Auto wurde mit der Spitzhacke in den Kalkstein gegraben, der eine Eskorte aus krümeligen Plattenmauern bildet. Ich drücke meine Finger in den grauen Stein und reiße die Zeit zurück: Zwei versteinerte Muscheln weihen diesen Ort als wahrhaft uralt.

8. MAI: Morgenchor in Cockshutt. Ein fünfhundert Jahre alter Bauernreim verkündet: »Im Sommer sind die Hecken grün, / die Blätter breit und lang, / dann ist es schön, im Wald zu stehn, / zu hören den Vogelsang.«

Aber warum singen Vögel?

George Orwell stellt in seinem Buch *1984* die gleiche Frage, als Winston mit Julia irgendwo auf dem Land einer Drossel zuhört: »Für wen, wozu sang dieser Vogel? Kein Weibchen, kein Rivale beobachtete ihn. Was veranlasste ihn, an einem einsamen Waldrand zu sitzen und sein Lied ins Nichts zu verströmen? [...] Doch allmählich vertrieb die Flut der Töne all seine Spekulationen. Sie überströmte ihn wie eine Flüssigkeit und vermischte sich mit dem Sonnenlicht, das durch das Laubwerk filterte. Er hörte zu denken auf und empfand nur noch.«

Sie sehen, Orwell war ein Naturfreund. In seinem Essay »Warum ich schreibe« stellt er eine Liste von Dingen zusammen, die er seit seiner Kindheit liebt, und zu ihnen gehört »das Antlitz der Erde«.

George Orwell war nie ein echter Sozialist. Er war ein konservativer Anarchist – eine Bezeichnung, die er selbst für Jonathan Swift verwendete. *1984* liefert den Beweis: Winston und Julia sind nur im tiefsten ländlichen England frei, außer Reichweite der Partei und des städtischen Sozialismus.

10. MAI: Es regnet – Spirographenringe auf dem Teich. Feenblubbern. Ziemlich musikalisch, mit flüssigem Plingen und Klingeln. Der Anisduft von Giersch.

Der Teich ist ein prachtvolles, ölig schimmerndes Rokoko-Gemälde.

Ich finde ein zerbrochenes Stockentenei; dazu die leise Musik des windgetriebenen Wellenplätscherns.

11. MAI: Morgenchor II beginnt mit dem Rotkehlchen, dann folgen Amsel, Singdrossel, Zilpzalp, Fitis, Waldlaubsänger. Sie verschmelzen zu einem Strom aus Gesang; ich kann die einzelnen Vögel nicht mehr auseinanderhalten. Sie singen wie aus einem Schnabel.

Emily Dickinson: »Ich hoffe, auch Du liebst Vögel. Das ist sparsam. Es erspart einem, in den Himmel zu kommen.«

Die Hitze setzt Fliegen frei, als wären sie aus dem Eis aufgetaut. Um ein Uhr nachmittags ist es sehr heiß, strahlend und sonnig. Die Zeit der Schmetterlinge: Pfauenauge, Kohlweißling, Ochsenauge sind allesamt unterwegs. Eine grüne Schildwanze lässt sich auf einer Brennnessel nieder, eine Kriebelmücke auf meinem Blatt Papier.

Ich gaffe, ja, wirklich, ich gaffe die Schönheit dieser Märchenwelt an, die Sonnenflecken auf den Hasenglöckchen, all die Grüntöne.

Ein Baumläufer mit einem Insekt im Schnabel sucht die Salweide nach weiteren ab. Er fliegt immer wieder über meinen Kopf hinweg zu seinem Nest im Vogelhochhaus. Wohin genau? Ich brauche eine Stunde, um die Stelle auszumachen. Für das alte Hobby des Eiersammelns war auf jeden Fall Geduld, Geschick, Beobachtungsgabe und Zeit vonnöten. Die Eier, sechs an der Zahl, sind weiß mit Rostflecken.

Zwei Rote Milane ziehen über mich hinweg; in der Sonnenfinsternis wird der Wald kühler. Bizarrerweise fangen, kaum dass die Milane vorüber sind, Fitisse in den Weiden zu singen an. Ich werfe einen Stock nach einer Katze, die in Richtung Teichhuhnnest unterwegs ist – und störe einen Fasan auf.

12. MAI: Beltane, nach dem alten Kalender. Reverend Francis Kilvert aus der Gemeinde Clyro (die ich von Cockshutts Baumwipfeln aus beinahe sehen kann) notierte 1870 in seinem Tagebuch: »Heute Abend ... hätte ich ein paar Birken- und Vogelbeerzweige über die Tür hängen sollen, um die ›alte Hexe‹ fernzuhalten. Aber ich war zu faul, um hinauszugehen und welche zu holen. Wir wol-

len hoffen, dass die alte Hexe nicht in der Nacht hereinkommt. Junge Hexen sind willkommen.«

13. MAI: Morgenchor III.

4.16 Uhr morgens. Es ist noch dunkel; jenseits des Berges racken die Dohlen.

4.19 Uhr. Nach einem gestotterten *Tick-tick* führt ein Rotkehlchen auf halber Höhe eines Weißdorns vollständige Melodien vor.

4.22 Uhr. Amsel und Ringeltaube begrüßen das Licht.

4.30 Uhr. Singdrossel, Fitis, Mönchsgrasmücke.

5.00 Uhr. Buchfink, Zilpzalp, Kohlmeise und Zaunkönige stimmen ein. Crescendo.

Im Durchschnitt leben auf Grasland 175 brütende Vogelpaare pro hundert Hektar, im Wald ungefähr tausend. Um fünf Uhr an einem Maimorgen versinkt man warm im Vogelgesang.

Allmählich versickert der Gesang bis auf eine einzelne gestrandete Ringeltaube, und die Hasenglöckchen glitzern im Fruchtwasser der Morgendämmerung.

Abends: Zilpzalp in der Erle, Buchfink im Hasel. Beide sägen mit durchdringenden Zweiklang-Rufen an meinen Nerven.

Die Hasenglöckchen sind im Abendlicht eine Tanztruppe aus Geistern; Irrlichter, nah und doch fern. Ein paar bilden schon Samenstände. Wie schnell die Natur voranschreitet.

Kopfsteinpflaster aus Licht und Schatten. Die Bäume werden jeden Tag fetter; Blätter brauchen Zeit zum Wachsen und Anschwellen, wie die Flügel eines Schmetterlings. Das Maigrün der Bäume schärft das Blau des Himmels; in späteren Monaten, wenn die Blätter dunkler sind, wirken die Bäume eher komplementär als intensivierend.

Die Judasohren sind in der Sonne verschrumpelt.

Stechmücken wummern einen halben Meter über dem Teich, auf dem Schaum steht.

Ein optimistischer Bussard greift vier Stockenten an, die durch den Wald watscheln. Eine Bande von vier Elstern führt auf der Lärche nichts Gutes im Schilde.

14. MAI: Ein Temperatursturz, vor allem unter dem Blätterdach der Bäume – bis der Mai vorbei ist, sollte man immer einen Pullover in den Wald mitnehmen.

Ein Aurorafalter sitzt als Farbfleck am Teichufer, die erste rote Lichtnelke desgleichen. Das Weidenröschen neben dem Reitweg ist schon dreißig Zentimeter hoch. Teichhühner rufen aus der Sicherheit des Schilfs, obwohl die Henne sich mit ihrem Nest im Dornendickicht am Teich angesiedelt hat. Sie teilt sich ihre Stachelfestung mit den Kaninchen.

Die kalte Sonne durchleuchtet ein Ampferblatt und lässt es wie Haut wirken, mit Venen und Arterien.

Der Wind frischt auf, und die Singdrossel in der Erle schackert wild gegurgelte Töne.

15. MAI: Alle Bäume stehen in vollem Ornat, bis auf die Esche; auf dem Weißdorn, in den Worten des Dichters A. E. Housman, »häuft sich dichter Mai«. Welch ein Gewicht an Blättern sie alle tragen.

Über dem Teich paaren sich Eintagsfliegen im Flug.

Die Buschwindröschen sind weg, vorbei, als hätte es sie nie gegeben.

In der rissigen Haut einer Eiche haben sich die roten Haare vorbeistreifender Kühe verfangen. (Nicht die glänzenden Haare des Sommers, sondern der raue Filz des Winterfells.) Eine Kohlmeise stößt herab, um sie sich zu holen.

17. MAI: Ich komme über den Zaunübertritt herein, vorbei an der Esskastanie, die so elegant ist, dass sie nicht nur wie ein Baum, sondern auch wie ein Möbelstück wirkt. Dann folgt die Erhabenheit der Buchen, eine besondere Atmosphäre, orientalisch, minimalistisch. Buchen haben mehr Präsenz als jeder andere Baum, selbst die Eiche.

Goldene Schwänze hängen an den Bergahornbäumen, süß duftend, und locken die Bienen mit ihren Nektarblättern an.

18. MAI: Ich sitze am Fuß der Wünschelruteneiche, im grünen Schatten; unter einem Baum lässt sich immer gut philosophieren. Fragt Buddha. Oder John Stewart Collis: »In Gesellschaft von Blumen erkennen wir das Glück. In Gesellschaft von Bäumen können wir denken; sie fördern die Versenkung. Bäume sind sehr intellektuell. Auf der Welt gibt es keinen Ort, an dem wir so gut nachdenken können wie in einem lichten Wald, an einen Baum gelehnt.«

Ein Gedanke: Niemand geht der Geselligkeit halber in den Wald. (Nein, nicht einmal Liebespaare; sie suchen Ungestörtheit. Wie heißt es in dem Songtitel von Keane: »*Somewhere only we know*«.) Ein Wald ist ein Ort der Einsamkeit, eine Zuflucht. Im Wald sollte man nichts vorfinden außer überbordender Natur und uralter Ruhe, Gegenwart und Vergangenheit vereint.

Oben in der Esche klopft ein Specht vor sich hin, wie es in seiner Natur und der seiner Vorfahren liegt. *Im-Wald-von-Cock-shutt. Im-Wald-von-Cock-shutt.*

Natur hat stets Gefühl: Wald, Bach und Feld
Sind ewig Leben, stiller Widerhall
Des Glücks jenseits der Bücher Welt;
Sie sind nicht sterblich; ihr Zerfall

Ist steter grüner Wandel: Sie vergehen
Und kehren als Blüten wieder überall.
Himmlisches Leben, ewiges Bestehen
Mit Sonn und Mond verweilen mag
In weitem Himmel, unter Nacht und Tag.

John Clare

19. MAI: Die Lichtnelken sind draußen; die Wildkirsche steht immer noch in weißer Blüte. Vom Orcop Hill aus wirkt Cockshutt, als stünden Schornsteine mit Qualmwolken darin. In Wäldern wachsen Wildkirschen zu vornehmen Säulen heran, nicht birnenförmig, wie wir sie aus dem Garten kennen.

Die Eiche setzt ihr hohes grünes Dach auf. Urzeitliche Mythenschmiede stellten sich Bäume als Verbindung zwischen Himmel und Erde vor – und sie hatten ja so recht. Bäume saugen Wasser aus dem Boden auf, Kohlendioxid und Sonnenlicht aus der Luft.

Ich schneide Weißdorn- und Haselschösslinge, als Futter für die Schafe. Ein uralter Ritus, deshalb gibt es in Großbritannien so viele Orte namens *Spring Wood*, »Frühjahrsholz«.

Die beiden Holzapfelbäume sehen mit ihren langen Blütenarmen graziös wie Brautjungfern aus. Diese Wildbäume versäumen es nie, Blüten und Früchte zu tragen. Prachtvolle Sonne; die tiefen Strahlen stechen durch das dunkle Blätterdach der Bäume. *Shivelights*, »Splitterlichter«, war Gerard Manley Hopkins' Neologismus für die scharfen Lanzen aus Sonnenschein, die zwischen Bäumen hindurchfallen.

20. MAI: Die Blüten der Sumpfdotterblumen sind weg, dafür haben sie Samenstände gebildet, perfekte mittelalterliche Narrenkappen.

Auf einer verrotteten Eiche, von der Zeit (das heißt: vom Laub) halb begraben, findet eine Explosion von *Mycena inclinata* statt, bekannt als Buntstielige Helmlinge.

21. MAI: Im Regen läuft ein Grauhörnchen an einem efeubewachsenen Ahorn hinunter, mit einem Jungvogel im Maul.

Regen und Wind peitschen die Eschenblätter, deshalb drängen sie sich zusammen wie ein Fischschwarm, die blassen Bäuche nach oben. Regen und Wind peitschen den Teich und formen Schwärme von blassen Wellen.

23. MAI: Ein Kuckuck ruft vom Hole Wood herüber – ein Mal, nur ein einziges Mal. Die darauffolgende Stille ist so aussagekräftig wie jede Statistik. (In diesem ganzen Frühling höre ich im Bezirk Wormelow nur zwei Kuckucke; ein Jahrhundert zuvor hätten meine Vorfahren hundert gehört.) Schreiben die Leute immer noch Leserbriefe an die *Times*, um den ersten Kuckuck des Jahres für sich zu beanspruchen?

Abends erhasche ich einen Blick auf die Fuchswelpen; ihr Fell wechselt von Braun zum vertrauten Orangerot und ihre Augenfarbe von Blau zu Gelb. Inzwischen nimmt die Füchsin sie nachts mit zum Jagen. Im Oktober wird ihr Erwachsenenleben beginnen.

24. MAI: Der Aronstab beginnt zu blühen – ein dramatisches Waldschauspiel. Ein grünes Segel taucht aus dem Blatt auf, entfaltet sich und enthüllt einen aufrechten violetten Stab. Nach einiger Zeit beginnt dieser Stab, nach Fleisch zu stinken, und der appetitliche Duft lockt winzige Insekten an, die »Schmetterlingsmücken« genannt werden. Die Mücken fallen durch einen Ring borstiger Haare in den »Kessel« unter dem Stab und sind wegen der Haare gefangen. Im Kessel befinden sich die richtigen männlichen und

weiblichen Blüten. Die Mücken bringen Pollen anderer Aronstäbe zu den weiblichen Blüten und sammeln an den männlichen Blüten Pollen auf. Schließlich verwelken die Borsten und die Mücken können entkommen, um den Pollen zu anderen Aronstabpflanzen zu tragen. In seinem Buch *Am grünen Rand der Welt* liefert Thomas Hardy eine unvergessliche Beschreibung von *Arum maculatum* – er sehe aus wie »ein schlagflüssiger Heiliger in einer Grotte aus Malachit«.

Drei Uhr nachmittags. Ich jage die M 4 nach London hinunter, zur Buchhandlung Daunt's in Marylebone, um mich von der Romanautorin und Naturschriftstellerin Melissa Harrison vor einem Buchhandlungspublikum interviewen zu lassen. Wir legen einen guten oder sogar witzigen Anfang hin, weil keiner von uns sich wie in der Ankündigung »*Nature Writer*« nennen lassen will – sie nicht, weil der Begriff so breit ist, dass er kaum etwas bedeutet, ich nicht, weil ich mich als ländlichen Schriftsteller betrachte. Ich: »Meine Masche ist offensichtlich, glaube ich. Ich liefere einen Blick aufs Land aus der Perspektive von jemandem, der darauf arbeitet.«

25. MAI: Die Sonne belebt die Insekten; eine grüne Blattlaus landet auf mir. Ich will sie gerade beschimpfen, aber was hat sie eigentlich verbrochen? Mich gekitzelt? Das reicht nicht mehr als Grund.

Inzwischen gibt es dank der Inflation des Grüns keine Blickachsen durch die Laubbäume mehr. In Cockshutt schichtet sich der Vogelgesang übereinander.

Die Zugvögel haben sich unter allen Wäldern Englands diesen ausgesucht, und sie segnen ihn. Mich auch.

Blasen aus Kuckucksspeichel hängen vor allem an den Brennnesseln, aber auch an den Brombeeren. Sumpfschwertlilien im Schilf.

Als ich den Wald verlasse, mache ich meine Abendvisite bei den Schweinen, die immer noch eingepfercht sind.

Ich lehne mich aufs Gatter wie ein echter Hinterwäldler. Schweine haben den breithintrigen, steifbeinigen Gang von Nilpferden. Schlaue Augen allerdings, jedenfalls einige der Eber. Ich halte es mit Walt Whitman:

> *Ich glaube, ich könnte hingehen und mit den Tieren leben,*
> *sie sind so ruhig und beschlossen in sich,*
> *ich stehe und schaue sie an, lange und lange.*

26. MAI: Gestern habe ich unsere Roten Hornlosen durch den oberen Teil des Waldes getrieben, um die Eichen herum – teils, um den Kühen ein wenig »Äsung« zu gestatten, teils, damit sie überall hinscheißen. Wie vermehrt man die wirbellosen Tiere eines Waldes? Man schickt die Auerochsen rein.

Heute Abend stößt ein Waldlaubsänger von seinem Ausguck in der Eiche herab, um ein Insekt zu fangen, das aus einem Kuhfladen aufsteigt. Es gibt zwei Waldlaubsängerpaare in Cockshutt, beide im Eichenhain.

Die viktorianische Naturforscher W. H. Hudson beschreibt ihren zittrigen Gesang in den Blättern als »lang und leidenschaftlich, … der eine Klang im Wald, der keinem anderen gleicht«. Sie sind grünlicher gefärbt als die anderen Laubsänger, mit einem strahlend gelben Schnabel.

28. MAI, sechs Uhr morgens: Sonnig. Rings um den Ansitz des Sperbers (eine abgebrochene Fichte, anderthalb Meter hoch) liegt ein kreisrundes Halsband aus Blaumeisenfedern.

Die Umrisse der Blätter vor dem Himmel, die Punkte auf den Birken, die Beulen an den Eichen. Um diese Muster zu bewundern, muss man sich unter dem Baum auf den Rücken legen und gen Himmel blicken.

Ich sitze auf meinem Stuhl. Ein Grauhörnchen zirpt mit aufgerichtetem Schwanz, lässt aber verärgert die Spitze hin- und herwandern wie eine Katze. Ich blockiere seinen Weg, und es nimmt den Umweg außen herum.

Eine Waldmaus trippelt herum. BB fand, dass Mäuse wie Zwerge aussehen – nicht ohne Grund, wenn man die Füße beider Arten vergleicht.

Weißdornblüten; an der Westseite laufen sie schon an, im Osten sind sie noch taufrisch.

Ein Specht in der Erle, ein Wintergoldhähnchen in den Nadelbäumen, letzteres sehr laut. Inzwischen gibt es reichlich grüne Kirschen, die paarweise wie Wünschelruten am Boden liegen. Oh, und die zarte Luft des Zwielichts, und träge Saatkrähen.

29. MAI: Heute ist der *Oak Apple Day*, auch *Shick-Shack Day* genannt – er erinnert an die formelle Wiedereinsetzung von König Charles II., aber auch an die Eiche in Boscobel, auf der er sich 1651 nach der Schlacht von Worcester versteckte. Daher stammt der verbreitete Pub-Name *Royal Oak*. Hier im königstreuen Westen war der *Oak Apple Day* ein beliebter Feiertag (außer bei den Vorfahren meiner Mutter, die zu Cromwells Reiterei gehörten). Kinder trugen Eichenblätter oder Galläpfel an ihren Jackenaufschlägen. Wer das nicht tat, konnte getreten, geschlagen oder sogar mit Brennnesseln verdroschen werden. Im Lauf der Zeit wurde der *Shick-Shack Day* ein Tag der Zügellosigkeit, passend zum Royalismus.

Einer der liebsten Leckerbissen von König Charles II. waren Veilchen, frittiert und mit Zucker und Zitrone verzehrt. Insofern hätte es ihm gefallen, dass sie heute blühen. Die Landleute bei uns nannten sie *blue mice*, »blaue Mäuschen«, weil sie so schüchtern unter dem Frühlingsgrün hervorlugen.

Der Männerfarn (das ist sein Name, nicht sein Geschlecht) wächst in die Höhe. Seine üppigen, großen Wedel schießen in einer grünen Fontäne empor. Farne sind prähistorischer Dschungel. Legen Sie sich in den Farn, und Sie können Dinosaurier sehen.

In Cockshutt gibt es außerdem Ackerschachtelhalm, auch »Pferdeschwanz« oder »Polierkannenkraut« genannt – mit ihm schrubbten Frauen und Männer ihr Geschirr, bevor es Stahlschwämme und Plastikbürsten gab.

30. MAI: Ich habe das Gefühl, schon jetzt beginnt der sommerliche Rückgang des Vogelgesangs. Ein Fitis sitzt auf einer Eiche, im Schnabel das Wrack eines Ex-Insekts; er flötet ein sanftes *Huu-iit*, während er darauf wartet, dass ich vorbeigehe, damit er zu seinem halbkugeligen Nest unter den Brombeeren am Zaun hinunterfliegen kann. Mönchsgrasmücken, die weiter oben in den Dornenranken nisten, schnarren ihre *Tschack-tschack*-Rufe.

Am feuchten Waldweg sind die gelben Blüten des Hain-Gilbweiderichs aufgegangen.

JUNI

Mittsommernacht

*H*olunder, die Sommerblüte des Waldes – der Teich, ein langsamer Selbstmord – Was ist Holz? – Algen – der Ursprung der
Bäume – »Laubheu« – ein Baumlied – Fingerhut

1. JUNI: Auf der Sonnenaufgangsseite des Teiches reflektiert das
glatte silberne Wasser die Sandbirken ganz präzise, wie die gespie-
gelten Buben auf Spielkarten. Wo sind unsere Teichhuhnküken geblieben? Alle an die Katze der Nachbarn verloren. Ich wünschte, ich
wäre ein besserer Wachtposten gewesen, hätte besser achtgegeben.

Am Nachmittag warme, wolkige Sonne und der Muskatellerduft
der prahlerischen Holunderblüten. Der englische Sommer beginnt
mit den Blüten des Holunders und endet mit seinen Beeren.

Früher hieß es, Frauen könnten ihre jugendliche Schönheit be-
wahren, wenn sie sich mit dem Tau von Holunderblüten wüschen,
und bis auf den heutigen Tag werden Holunderpräparate für teure
Hautreinigungsmittel verwendet: Eau Florale de Sureau. Holun-
derblütenwasser, das adstringierend wirkt, ist auch heute noch im
Arzneibuch *British Pharmacopoeia* als Mittel bei Augen- und Haut-
verletzungen aufgeführt.

Außerdem ergeben die Blüten das klassische Sommergetränk –
Holunderblütensirup. Ich verwandle sie allerdings lieber in Holun-

derblütensekt, der das mysteriöse Prickeln der Blütendolden präzise in flüssiger Form einfängt.

Holunderblütensekt

8 große Holunderdolden
4,5 Liter kaltes Wasser
¼ Tasse Wildrosen-Blütenblätter (wenn möglich)
2 unbehandelte Zitronen, in Scheiben geschnitten
2 Esslöffel Apfelessig
750 g weißer Zucker
Champagnerhefe
eine Sammlung sauberer Plastik-Mineralwasserflaschen

Junge Dolden pflücken, am besten morgens, wenn ihr Bananenduft am stärksten ist. Alle Insekten herunterschütteln. Die Blüten halten sich nicht lange, also so schnell wie möglich nach Hause bringen und in der Küche mit einer Gabel entstielen. Die Stiele sind bitter und verderben Ihr Gebräu. Subtilen Blütenduft und einen rosigen Hauch bekommt es, wenn Sie Blütenblätter von Wildrosen hineingeben (falls Sie welche auftreiben können).

Die 4,5 Liter Wasser in einen großen Topf geben, mit den Holunderblüten, den Wildrosenblättern, den Zitronenscheiben und dem Essig. Den Zucker einrühren, bis er sich aufgelöst hat. Mit der Champagnerhefe bestreuen. Abgedeckt 24 Stunden lang ziehen lassen, zwischendurch zweimal mit einem Holzlöffel umrühren.

Die Flüssigkeit mit einem Krug abschöpfen und durch ein Sieb in die Plastikflaschen füllen. Die Deckel lose aufsetzen und die Flaschen auf einem Tablett an einen vor direktem

Sonnenlicht geschützten Ort stellen. Im Lauf der nächsten vierzehn Tage wird der Sekt fermentieren. Wenn er fast fertig ist, die Flaschen mit zugeschraubtem Deckel an einem kühlen Ort lagern. Noch ein, zwei Tage warten, bis sich das Sprudeln aufgebaut hat, dann ist der Sekt trinkfertig – vor dem Servieren einfach kaltstellen. Er hält sich monatelang, wird aber allmählich trockener und alkoholhaltiger.

Das Erfreuliche an Plastikflaschen ist, dass Sie damit wahrscheinlich das Unglück vermeiden, das Herstellern von Holunderblütensekt manchmal zustößt: dass Glasflaschen durch den Druck des Gärvorgangs explodieren. Um den Druck in einer Plastikflasche zu prüfen, drückt man sie einfach kurz. Wenn sie sich aufgebläht anfühlt, den Deckel vorsichtig aufschrauben, das Gas herauszischen lassen und wieder verschließen.

4. JUNI: Als der Tag sich neigt, dröhnt das Summen von Bienen hoch oben in den Bäumen, absolut stetig, mit nur winzigen, flackernden Unterbrechungen, wie ein akustisches Äquivalent zu fluoreszierendem Licht.

Eine Maus huscht durch die Brombeeren; das *Tick-tack* ihrer Pfoten wird von den trockenen Blättern verstärkt.

Stechmücken. Und noch mehr Stechmücken.

Offensichtlich singen Vögel aus Reviergründen, um ihr Dasein nachzuweisen. Ich singe, also bin ich. Die Amsel, diese erlesene Sternsingerin, hat einen schiefen Moment und gibt ein Kasperletheater-Quietschen von sich.

Das seltsamste Ereignis: Ein Ring gebänderter Federn um den Ansitz des Sperberweibchens; jemand hat es getötet und anschließend gerupft. Ein Fuchs?

Eine bittere Begebenheit an einem Abend, der die umliegenden Hügel mit süßem Dunst tränkt.

Das Schilfrohr trägt gelbe Blüten; die Tollkirschen sind da.

5. JUNI: Kumuluswolken; darunter streife Fasane – Männchen, Weibchen und zwei Küken – über die Koppel, als würde sie ihnen gehören, und bedienen sich am Schweinefutter. Reife rote Früchte fallen von den Wildkirschen, also sammle ich sie auf, diese Reste von den Gelagen der Grauhörnchen und der Vögel. Selbst mit einer Ausziehleiter komme ich nicht an die obersten, paradiesapfelverlockenden Kirschen heran.

Ein verlockendes Rot, dieses Kirschrot; das Scharlach von Hollywood-Lippen.

6. JUNI: Auf einem Teich folgt die Panik einem Muster. Der Stockerpel hebt ab, in den Hauch einer Brise, für den Auftrieb. Am hinteren Ende stiehlt sich das Teichhuhn steifbeinig durch das Schilf davon und zeigt dabei die weißen Federn unter seinem Schwanz.

Kein Wunder, dass die Wasservögel verängstigt sind. Ich bin auf einem Minibagger am Teich angekommen, einem Raupenfahrzeug mit scheppernder Frontschaufel. Ich habe das dämonische Dröhnen der Industriellen Revolution in ihr privates Eden getragen.

Ich stelle den Baggermotor ab. Regen trommelt wie Finger aufs Dach und tropft herunter, durch die offenen Seiten der Kabine zu mir herein.

Auf der Teichfläche bildet der Regen endlose, sich wiederholende Kreise. Wo gesammelte Regentropfen aus den Blatttrichtern der Bäume rinnen, blubbern Blasen auf dem Wasser und platzen.

Hinter seinem Sicherheitsschirm aus grünem Schilf hervor *kurruppt* das Teichhuhn zu mir herüber. Sein Ruf klingt, als wäre sein

Schnabel – unhöflicherweise – voll Wasser. Ein Teich ohne Teichhühner ist wie ein Fernseher ohne Bild.

Jetzt wird der Regen stärker; er macht eine seltsam rülpsende Musik auf dem Wasser. Der Teich nimmt die Farbe des Junigewitters an und verwandelt sich in eine schwarze Teergrube.

Alles ist nass, aber junimatschig.

Obwohl das Jahr der Mittsommerstille der Vögel entgegengleitet, singen heute Mittag die Vögel. Fitis. Zilpzalp. Amsel.

Noch ein kurzer Blick auf das Teichhuhn, das über das Gras am Ostufer huscht. Mit seinem roten Schnabel und den baumelnden gelben Beinen mit übergroßen Schuhen sieht es lächerlich aus, wie ein Mädchen, das sich aus Kosmetikbeutel und Kleiderschrank seiner Mutter bedient hat. Das Teichhuhnweibchen verschwindet unter die Dornenfestung, in der ihr Nest liegt. Außer ihr wohnen noch Kaninchen darin. Manchmal zischt sie sie an.

Ein Buchfinkenmännchen fliegt mit Larven hin und her, zu seinem Nest im Haselbusch und den giermäuligen Küken. Weiße Larven, grüne Larven.

Glaskugeln aus Regen hängen an den schiefen Schwertklingen des Schilfs unter der Baggerkabine, sie glitzern in silbernem Glam-Rock-Glanz. *Shine on, you crazy diamonds.*

Denys Watkins-Pitchford schrieb einst: »Für mich ist ein Teich ebenso wichtig wie ein Haus.« Ich teile seine Meinung. Wann immer wir in einem Haus ohne Teich lebten, baute ich einen. Ein altes Keramikspülbecken in einem Cottage-Garten war ein besonderer Triumph.

Unser gegenwärtiger Teich hat Industrieformat, ungefähr 1300 Quadratmeter. Er diente als Fischteich und Wasserstelle für Rinder einem doppelten Zweck. Wohlgemerkt wurden – ohne Verschmutzung durch Kunstdünger und Agrarchemie – bis in die 1960er-Jahre praktisch alle Teiche als Fischteiche genutzt und wimmelten von

Aalen, Hechten und Forellen. Ein paar Karpfen lungern im Teich herum, fett wie Äbte, aber in den letzten Jahrzehnten bestand sein Hauptzweck darin, Trinkwasser für Rinder zu liefern.

Der Waldteich begeht langsam Selbstmord; er füllt sich mit Schlamm aus den Gräben, Laub von den Bäumen. Um ihn am Leben zu erhalten, muss man wachsam sein.

Plötzlich hört der Regen auf. Ein Teich verändert sich stündlich, sogar minütlich. Jetzt ist er aus ruhigem Glas, nur ganz leicht von der warmen Luft verschrammt. Insekten tauchen aus ihren Verstecken auf. Eine kleine blaue Stablibelle schwebt über dem Schilf; ein urzeitliches Insekt über einer Pflanze, die schon im Dinosaurierschlamm wuchs. Libellen gehören zu den ältesten Insekten; in Kohleflözen entdeckte Versteinerungen beweisen, dass riesige Libellen mit Flügelspannweiten von bis zu siebzig Zentimetern in den Sümpfen des Karbonzeitalters patrouillierten.

Die Libelle zuckt weg, ein waagerechter Strahl aus Neonlicht.

Der Anisduft von Giersch erfüllt die Luft. Blutweiderich beugt sich der Hitze. Himmlischer Frieden.

Der Teich kehrt zu seiner natürlichen mönchischen Ruhe zurück.

Das alte Buchfinkenmännchen ist immer noch an der Arbeit. Eine geflügelte Version protestantischer Arbeitsethik. Ich sollte auch arbeiten. Der Grund, warum ich mit dem Bagger hier bin, ist, dass eine Tanne in den Teich gestürzt ist und den Ablauf blockiert. Der Baum muss herausgehoben werden. Ich lasse den Motor an.

Ich vermute, ich habe höchstens zwanzig Minuten lang den Teich betrachtet. Eine Art Durst ist gestillt.

8. JUNI: Nach zwei Tagen voller Regen und Wind und abgebrochener Äste explodiert der Chor der Laubsänger in Salven, allerdings misstönend, als würden hundert feuchte Finger über ein Glas reiben.

Ich verfolge die Spur einer Kohlmeise durch die Luft bis zu ihrem Nest, einem Loch im höchsten Ast eines Ulmenskeletts in der Schlucht.

Auf dem Reitweg einen Igel getroffen: an den Hut getippt, Hallo gesagt.

10. JUNI: Die Mauersegler wirbeln den Duft der Holunderblüten durch die Abendluft. Ein Regenschauer auf warmer Erde; der Waldboden ist mit Veilchen durchflochten.

11. JUNI: Die Brombeeren blühen. Wir, die Tiere des Waldes und ich, suchen in den Grotten der unteren Äste dunklen Schutz vor dem Regen.

13. JUNI: Dahinsegelnde Vögel stapeln sich in den blauen Höhen wie Linienflugzeuge: Mehlschwalben, über ihnen Rauchschwalben und ganz oben die Mauersegler.

Eine der Freuden, die Vögel uns schenken, ist, dass sie uns dazu bringen, nach oben zu schauen und über spirituelle Fragen nachzudenken.

14. JUNI: Es ist windig, und die Weiden führen den Tanz der Millionen Schleier auf.

Beim Schafescheren, der härtesten Knochenarbeit, die der Mensch kennt, nehme ich mir eine halbe Stunde frei.

Ich sitze auf meinem Stuhl, hypnotisiert von den Flechtenflecken auf einer (einigermaßen) jungen Esche – fließende Klumpen in einer Siebzigerjahre-Lavalampe.

15. JUNI: Im Flug über den Teich zeigt sich der Rote Milan als Reflexion im Wasser.

Ich stelle eigene Reflexionen an:

Was ist Holz? Im Inneren der Bäume liegt das Xylem, ein Gewebe aus Gefäßen, die Wasser mit gelösten Mineralien von den Wurzeln zu den Blättern transportieren. Bei Laubbäumen sind die meisten Xylem-Gefäße durchgehend offen, aber bei Nadelbäumen werden sie von perforierten Plättchen unterbrochen; die zweite Art von Leitgewebe wird »Phloem« genannt – Zellreihen, die Photosynthese-Produkte von den Blättern nach unten und zur restlichen Pflanze transportieren. Das Phloem-Gewebe liegt außen; so bildet es als Ganzes eine Röhre, von der die feste Xylem-Säule im Inneren umschlossen wird.

Auf der Teichoberfläche schwimmen Algen; allerdings sollten sich alle Baumliebhaber zurückhalten, bevor sie über dieses Grünzeug schimpfen.

Vor ungefähr 450 Millionen Jahren wagten sich die ersten Algen an Land, und aus diesen eukaryontischen Zellen mit ihren Chloroplasten entstanden im späten Silur-Zeitalter die ersten »Gefäßpflanzen«: Pflanzen mit Rohrsystemen. Diese frühen Gefäßpflanzen erfanden das Lignin, das Zellwände härtet. (Pflanzen ohne Lignin nennt man »krautige Pflanzen«.) Es ist das Lignin, das wabbelige Zellulose in Holz verwandelt. Die Formel lautet: Holz = Architektur + Lignin. Die ersten Bäume tauchten im Karbon-Zeitalter auf, vor ungefähr 360 Millionen Jahren.

Die Grünalgen auf dem Teich und die Bäume darüber sind Vergangenheit und Gegenwart, Seite an Seite.

Die Blätter im Wald nehmen einen dunkleren Grünton an; es ist Zeit, »Laubheu« zu machen.

Eine Abhandlung über die Herstellung von Laubheu.

Das Sammeln von Laub als Futter für Nutztiere, üblicherweise von gekappten Bäumen, ist inzwischen ein verschwindend kleiner Bestandteil des Agrarwesens, obwohl die »Schneitelwirtschaft« einst in ganz Europa verbreitet war.

Es gibt Belege dafür, dass dieses Verfahren sogar älter ist als die Gewinnung von Heu aus Wiesen, was bedeutet, dass es seit drei Jahrtausenden angewendet wird.

Wie Wiesenheu wurde das Laubheu als Winterfutter eingelagert; Futter für Nutztiere war so knapp, dass in der Regel eines von fünf Tieren den Winter nicht überstand. Die Überlebenden waren oft so schwach, dass sie auf die Weide getragen werden mussten. Laubheu machte einen großen Unterschied. Außerdem war es in Dürrezeiten lebenswichtig; Bäume haben dank ihrer tief reichenden Wurzelsysteme und Mycorrhiza-Pilzsymbiosen Zugang zu Feuchtigkeit und Nährstoffen und können noch grüne Blätter produzieren, wenn Gräser schon vertrocknet sind. Mehr noch: Es ist bekannt, dass Baumblätter medizinisch wirksam sind, und Tiere nutzen sie zur Selbstmedikation, wenn sie die Möglichkeit dazu haben.

Laubheu wird durch »Schneiteln« produziert, also durch das Abschneiden oder Abhacken voll belaubter Zweige von Büschen oder Laubbäumen. Ich habe keine Kopfweiden oder Ähnliches, deshalb schneide ich die unteren Äste von jenen Haselsträuchern, Buchen, Salweiden, Weiß- und Schwarzdornbüschen und Ulmen ab, die mit einem weißen Farbklecks markiert sind – denjenigen Gehölzen, von denen ich mit Sicherheit weiß, dass in den unteren sechs Metern keine Vögel nisten.

Schneiteln ist Fronarbeit. Das Abschneiden, mit einem Haumesser oder einer langstieligen Astschere, schüttelt die Mücken herunter, und weitere Mücken, angelockt vom menschlichen Honigschweiß, kommen herbei, beißen zu und hinterlassen eine Kette glänzender Pusteln um meinen Hals.

Insektenforscher verwenden einen »Klopfschirm«, um die wirbellosen Bewohner von Waldgebieten zu untersuchen. Er besteht aus einem hellen, festen Stück Stoff, oft aus Baumwolle, das über einen Rahmen gespannt ist.

Ich trage ein weißes Hemd, das funktioniert genauso gut. Mein Hemd krabbelt vor Raupen, Blattläusen, Fliegen, Spinnen.

Ein halber Tag Schneiteln ergibt ungefähr eine Tonne Laubheu. Einen weiteren halben Tag braucht das Aufladen auf den Anhänger des Ferguson-Traktors, mit dem ich rückwärts den Reitweg hinaufgefahren bin. Ich bringe die Zweige nach Hause in die Scheune, binde sie mit Ballenschnur armvollweise zu festen Bündeln und stapele sie in der Ecke zu einem brusthohen Haufen.

Ein Teil des Laubheus aus dem letzten Jahr ist noch grün – und noch gut.

Thomas Tusser (1524–1580), ein englischer Bauer und Verfasser des Lehrgedichts »Fünfhundert Punkte der guten Landwirtschaft«, riet dazu, »alle Arten von Bäumen« zu kappen, allerdings waren Esche, Eiche und Ulme (vor ihrem historischen Niedergang) die bevorzugten Arten für Laubheu. Wenn Ulmen regelmäßig beschnitten werden, bleibt ihre Rinde bei einer Minimaldicke und ist damit für Borkenkäfer nutzlos; das bedeutet, Laubheu dient der Erhaltung der Ulme, wenn auch in einer verkleinerten Form.

Futter aus dem Wald ist beinahe vergessen. Tatsächlich kenne ich Tierhalter, die mit religiöser Inbrunst glauben, dass Rinder und Schafe am besten von Hecken, jenen linearen Waldstreifen, ferngehalten werden sollten – von echten Wäldern ganz zu schweigen.

Natürlich haben sie nicht ganz unrecht. Heutzutage gibt es Tiere auf den Höfen – ich könnte kontinentaleuropäische Markennamen wie Simmentaler Fleckvieh oder Texelschafe nennen –, deren wollige Dickschädel zu dumm sind, um mit Waldmast umzugehen, einem Grundnahrungsmittel ihrer Vorfahren.

17. JUNI: Die Sonne knallt; es ist einer jener Tage, an denen man nur ungläubig im Wald arbeiten kann, mit vor Staunen offenem Mund angesichts der Größe der hohen Bäume, der Eichen und Buchen, und unserer eigenen Belanglosigkeit im Vergleich zu ihnen.

Ein weiterer Tag des Schneitelns. Inzwischen ist das Ernten von Laubheu harte Arbeit; meine ledernen Arbeitshandschuhe sind so schweißdurchnässt, dass sie immer wieder abrutschen.

Die Insekten rasen um meinen Kopf herum, *brumm-brumm*, wie Kinder, die Düsenjäger oder Rennauto spielen.

Endlos viele Fliegen: Schwebfliegen, Eintagsfliegen, Schmeißfliegen, Köcherfliegen, Stechfliegen.

Eine weitere halbe Tonne ist geschafft.

Der Höhepunkt: Ich bin so bedeckt von Blättchen und Bröckchen und Stückchen und Stöckchen von Büschen und Bäumen, dass ich schon genau wie sie aussehe. Eine zarte, verwirrte Mönchsgrasmücke lässt sich auf mir nieder.

Und schon dafür, für diesen einen Moment, hat sich das Ganze gelohnt.

Ich verliere mich in meiner Aufgabe, wie es bei körperlicher Arbeit geschieht, deshalb besteht der Rest des Tages aus hinter Glas betrachteten Exponaten: ein einzelner Bovist, von Nacktschnecken zu einem Halloweenkürbis zerfressen; die dahinjagenden Grauhörnchen, die zur Jahreszeit unpassend Äste herunterkrachen lassen; klebrige Bergahornblätter; die neue Klettenplantage am Zaunübertritt, wo letztes Jahr noch keine war, todsicher aus von den Schweinen gepflanzten Samen gekeimt; vier einzelne bläuliche Klumpen Kaninchenfell; Hasenglöckchen mit ihren Samenhütchen; meine Enttäuschung darüber, dass wir dieses Jahr keinen Eichelhäher haben, ein treuer Stammgast auf der Wald-Checkliste (ich liebe den Eichelhäherschrei durch winterlichen Wald); das Schäckern der Elstern in den Kirschenwipfeln; unter der Fichte eine winzige, hineingeschmiegte, hundehafte Mulde, wo der Fuchs auf den trockenen Nadeln zu liegen pflegt, rot auf rot. Ich habe ihn gesehen.

Die Waldbrettspiele sind unterwegs. Sie sind einzigartig unter den Schmetterlingen, weil sie den Winter als Raupe oder als Puppe verbringen können. Das Männchen hat einen grimmigen Reviertrieb und gerät leicht in Zorn über jeden Artgenossen, der auf sein Gebiet gerät: Wenn das geschieht, taumeln die Rivalen in flatternder Schlacht durchs Unterholz, bis der Eindringling verjagt ist.

18. JUNI: Eine neue Entwicklung: Das Teichhuhnweibchen ist auf die Insel umgezogen und nutzt den untersten Ast einer Erle als seitlichen Steig ins Wasser.

Der gefleckte Schatten der Birken fällt auf die Flecken des Damwilds, fünf Tiere. Ich hatte vorher noch nie begriffen, dass die weißlichen Punkte auf den Rücken der Tarnung dienen. Leider schlage ich instinktiv nach einer Bremse, die mich beißt, und die Tiere lösen sich in dicke, stickige Luft auf.

Im Mittelalter wurde die Birke zum Glücksbaum. Man hängte Nutztieren aus Birkenholz geschnitzte Kruzifixe um den Hals, um teuflische Zauber abzuwehren.

19. JUNI: Der Waldrand – Farne, Brombeeren, Blumen, Kletterrosen, Geißblatt. Die Demarkationslinie zwischen Wald und Waldrand ist sehr präzise; man kann wie ein Kind mit einem Schritt von einer der zwei Welten in die andere wechseln. Es gibt keinen Übergang, nur absolutes Licht und absolute Dunkelheit.

Oben in Richtung Garway Hill krächzt ein hochmütiger Pfau, ein Klang aus einem anderen Zeitalter.

Das Geißblatt badet in der Sonne der Wiese, bevor es sich im Uhrzeigersinn um einen Haselbusch windet und ihn dadurch deformiert. Der Blutweiderich am Reitweg ist draußen; in der Esche hüpft eine Elster nach oben, in böser Absicht um sich schauend; sie ist der Kinderfänger des Waldes.

Eine Esche, nur eine einzige, wackelt mit ihren Blättern, und ich frage mich, ob sie krank ist – oder vielleicht begeistert?

Um 19.21 Uhr höre ich das Pfeilzischen eines Mauerseglers, der an meinem Kopf vorbeifliegt.

21. JUNI: Vögel, die man an Mittsommer um Mitternacht im Wald hört:

Old Brown, der Waldkauz, mit Unterbrechungen.

Ein aufgestörter Fasan *kö-köck*t und döst dann wieder ein.

Ein Fitis.

Das Rotkehlchen, König der Nachtmusik, singt mir von der Birke aus eine Serenade.

Erstes Licht.

Amsel, Zaunkönig, Dohle.

Die ganze Nacht über das *Trippel-trappel* der Spitzmäuse.

Nachtfalter wuseln an meinem Gesicht herum.

Die Wachen und die Schlafenden.

Kurz vor der Morgendämmerung trottet der Dachs zum Teich, streckt seinen Hals wie eine Schildkröte und schlabbert Wasser. In Bewegung sind Dachse bäurische Trampel, wenn sie ruhen, geschmeidige Expressionisten.

Aus seinem Hinterhalt im meterhohen Schilfrohr wettert das Teichhuhn gegen den alten Grimbart.

Ein Baumlied

Unter allen den Bäumen, die rauschen schön
Über Englands Gras und Korn,
Keiner ist herrlicher zu sehn
Als Eiche und Esche und Dorn.
Singt laut, ihr Herrn, mittsommertags,
Von Eiche und Esche und Dorn.
Wir singen fürwahr kein kleines Ding
In Eiche und Esche und Dorn.

Eiche lebte schon manchen Tag,
Eh Troja Äneas gebar;
Esche hatte schon Heimat im Hag,
Als Brut ein Verbannter war;
Dornbusch sah Neu-Troja erstehn
(Draus London ward gebor'n);
Wer rühmt sich älteren Adelsstamms
Als Eiche und Esche und Dorn?

Eibe auf modrigem Gräbergrund
Gibt Holz und Bogen schlank,
Erle gibt kräftige Schuhe, und
Buche gibt Becher zum Trank.
Doch ist getan der tödliche Schuss
Und versiegt des Weines Born
Und der Schuh verschlissen, so kehrst du zurück
Zu Eiche und Esche und Dorn.

Der Ulme sind Menschenkinder verhasst,
Ihr Schatten dunkelt Tücke.
Kein Lüftchen regt sich – da löst sich ein Ast

Und bricht dir am Kopf in Stücke.
Doch ob du nüchtern im Walde schweifst,
Ob trunken von Met aus dem Horn,
Allzeit findest du sichere Ruh
Unter Eiche und Esche und Dorn.

O sage von dem, was wir gemacht,
Dem Priester nichts in die Ohren:
Wir waren im Walde die ganze Nacht
Und haben den Sommer beschworen!
Und gute Botschaft bringen wir heim,
Gute Botschaft für Vieh und Korn –
Die Sonne kommt wieder vom Süden herauf
Mit Eiche und Esche und Dorn!

Singt laut, ihr Herrn, mittsommertags,
Von Eiche und Esche und Dorn!
England hält fest bis zum jüngsten Tag
An Eiche und Esche und Dorn!

Rudyard Kipling

24. JUNI: Ein wahrhaft seltsamer Tag; eine Ringelnatter schwimmt über den Teich, in S-Kurven wie eine Peitschenschnur. Ihre smaragdgrüne Haut sieht auf der braunen Wasserfläche fremdartig aus, eher den Tropen oder einer Glasvitrine angemessen, aber dann erreicht sie das Grün des Schilfrohrs und passt perfekt.

Wir werden uns nie an Schlangen gewöhnen; sie jagen uns immer einen Schauder über den Rücken.

Ein goldener Tropfen Harz tritt aus einer Kiefer aus; neben der Lärche wächst eine respektable Rabatte aus Fingerhutblüten, die die Bienen zu ihren neuen besten Freunden erklärt haben.

Der Fingerhut gehört zu den giftigsten Pflanzen unserer Flora, und doch enthalten seine Blätter eine Substanz, aus der eines der bekanntesten und gängigsten Medikamente gegen Herzkrankheiten hergestellt wird: Digitalis. Im 18. Jahrhundert untersuchte William Withering in Shropshire den Volksbrauch, Tee aus Fingerhut als Heilmittel gegen Wassersucht einzusetzen (bei der sich wässrige Flüssigkeit in diversen Körpergeweben und Hohlräumen einlagert). Er vermutete, die Pflanze könne noch weiteren medizinischen Zwecken dienen, und 1799 – im Jahr seines Todes – wurde der Fingerhut als wertvolle Medizin gegen Herzbeschwerden anerkannt. Witherings Grabstein in der Edgbaston Old Church ist mit einem gemeißelten Fingerhut geschmückt.

Seltsame Tage, fürwahr. Die Neun-Uhr-Schatten sind lang, aber die Wiesen glühen von innen wie die Papierlampions in meiner 1980er-Jahre-Studentenbude.

Zuletzt sinkt die Sonne hinter den Rand unserer Welt. Wie freundliches Gas sickert der Duft von Geißblatt durch den Wald.

Geißblatt heißt auf Englisch *honeysuckle*, nach dem süßen Nektar, den man heraussaugen kann. Samuel Pepys nannte es die »Trompetenblume«, deren »Elfenbeinkelche Duft statt Tönen ausblasen«. In der viktorianischen Blumensprache stand es für großzügige und aufopfernde Zuneigung.

26. JUNI: Ein kurzer Blick auf unseren Wald, von der Landstraße aus: eine Linie aus grünen Kumuluswolken oder ein Bergmassiv aus der Ferne. Die Eichen bauschen sich auf wie Atompilze. Sie brauchen Licht. Eine Kugel ist der effizienteste Weg, Licht einzufangen.

28. JUNI: Der Sommerwind bringt jede einzelne der Millionen und Abermillionen Fichtennadeln zum Rasseln.

Die Haselnüsse sind in ihre Regency-Häubchen gekleidet. Und dann etwas Seltsames: Raupen des Königskerzen-Mönchs sitzen auf dem Haselstrauch, der nicht als Futterpflanze dieser Nachtfalter bekannt ist. Ich fühle mich wie ein Wissenschaftler, praktisch professoral, als ich zwei Raupen und eine Handvoll Haselblätter in der Hand mit nach Hause nehme und in ein Marmeladenglas gebe, einen Papierdeckel darauf befestige und Luftlöcher hineinsteche.

Königskerzen-Mönche, das kann ich hiermit offiziell zu Protokoll geben, fressen tatsächlich Haselblätter.

29. JUNI: Regen – und dann Regen. Die Wolken enthaupten Bäume quer durch den Stamm.

Der alte Holzstapel, den ich als käferfreundlichen Lebensraum aufgeschichtet habe, wurde auseinandergerissen; das Holz ist verrottet wie Tabak. Wer war der Täter? Ein Dachs.

Schon jetzt, zu Mittsommer, haben sich Bucheckern an den Buchen gebildet, mit panzerknacker-bartstoppeligen Hüllen; Ahornsamen hängen in ihren »Hubschraubern«; die Wildäpfel sind beerengroß.

Ich breche mit dem Daumennagel den Samenstand eines Hasenglöckchens auf: In jedem Säckchen sind durchschnittlich fünfzig Samen, und es gibt acht Blüten pro Stängel. Jede Pflanze hat also vierhundert Samen, um sich fortzupflanzen. Das Ganze multipliziert mit der Zahl der Hasenglöckchen in Cockshutt. Es ist unmöglich, den Drang der Natur zur Erhaltung ihrer Blutlinien nicht wahrzunehmen.

Der Regen lässt winzige Pilze wachsen, graue Nadelköpfe im Laub neben dem Teich. Ganze Armeen.

30. JUNI: Elfenlicht, und ich bin zurück in Cockshutt, um eine letzte Ladung Laubheu zu holen.

Der Baumläufer hat irgendein langbeiniges Insekt im Schnabel. Ich lege mein Haumesser weg und werfe einen Blick in sein Nest, das in der Höhlung eines längst abgestorbenen Astes liegt; die Jungen sind blind, nackt und hässlich. Alles, was sie wollen, ist der Tod einer Milbe, damit sie selbst überleben können.

So ist die Natur.

JULI

Auf einem Baum im grünen Wald

*L*eben im Wipfel einer Eiche – Spannerraupen – Eichengalläpfel –
Robin Hood im grünen Wald – die »Stunde der Insekten« –
der wilde Duft des Geißblatts – Nacht im Wald – Nachtfalter – die
Waldvögel beenden ihren Gesang – welche Bäume bieten den bes-
ten Schutz? – der Mammutbaum, ein »großer freundlicher Riese« –
das Auge des Försters – das Töten von Grauhörnchen

3. JULI: Angeblich sind mehr als vierhundert Insektenarten direkt von der Eiche abhängig. Das glaube ich gern.

Hier oben auf der Wünschelruteneiche, acht Meter über dem
Boden, sitze ich rittlings auf einem gebogenen Ast. Und halte mich
fest. Einem Matrosen im Mastkorb eines Segelschiffs auf stürmi-
scher See dürfte das Gefühl vertraut sein. Man kennt einen Wald
nicht, wenn man noch nie in seinen Kronen gelebt und hinunter-
geschaut hat, genau wie man auf seinem Boden steht und staunend
nach oben blickt oder sich hinter einem Baum versteckt und Wild
beobachtet …

Die vertikale Welt, der Blick nach unten. Leben in Höhe der Baum-
wipfel. Ein Wald ist dreidimensional – keine Ebene wie eine Wiese.

Ich bin mithilfe meiner geschickten Finger auf den Baum geklettert, die sich genau deshalb entwickelt haben, weil unsere Vorfahren achtzig Millionen Jahre auf Bäumen verbrachten.

Etwas Teerartiges landet auf meinem Gesicht; als ich es abwische, streife ich einen Zweig, und Raupen regnen in meinen Schoß. Eichenwicklerraupen sind »Spanner« – sie bewegen sich ruckartig vorwärts, indem sie einen Buckel machen, ihren Schwanz nach vorne zum Kopf führen. Ich wische sie von meinen Jeans in den gähnenden Abgrund hinunter, aber anstatt zu fallen, spinnen sie eine seidene Rettungsleine, so schnell wie Spiderman. Einen Augenblick lang hängen zwanzig oder mehr Raupen am seidenen Faden, dann klettern sie wieder herauf. Sie lassen sich nicht abschütteln.

Weitere Tropfen aus schwarzem Teer landen auf meinem Gesicht. Jetzt erkenne ich, worum es sich handelt: um die Exkremente von Raupen. Die Blätter über mir wimmeln von Raupen. Was ich für das Zischen des Windes in den obersten Blättern gehalten hatte, ist in Wahrheit das Geräusch von Millionen Raupen, die fressen und koten.

Eine durchschnittliche britische Eiche verliert jedes Jahr ungefähr die Hälfte ihrer Blätter an Insekten, wobei Raupen manchmal den ganzen ersten Wachstumsschub an Frühjahrsblättern auffressen; die Eiche kann darauf mit einem zweiten Austrieb im Mai und Juni reagieren, der »Johannistrieb« genannt wird (nach dem Johannistag am 24. Juni).

In der ersten Hälfte des 20. Jahrhunderts erreichte das ländliche Großbritannien einen Reifezustand – nach Jahrhunderten der Veränderung, die seine Eichen brauchten, um das Veteranenalter zu erreichen. Wie der große Landschaftshistoriker Oliver Rackham schrieb, ist eine einzige fünfhundertjährige Eiche ein ganzes Ökosystem; zehntausend Eichen von jeweils zweihundert Jahren sind es nicht. Wir müssen Bäume alt werden lassen, sehr alt.

Seit dem Zweiten Weltkrieg ist ungefähr ein Drittel unserer uralten Laubwälder umgepflügt oder mit Häusern, Straßen, Läden überbaut worden.

An den unteren Zweigen der Wünschelruteneiche hängen mehrere Galläpfel, verursacht von der winzigen Gallwespe *Andricus kollari*. Sie legt ihr Ei in ein Blatt oder einen Zweig, wodurch die Eiche eine Chemikalie produziert, die eine Schutzhülle um das Ei bildet. Die rostrote Galle ist hart wie eine Nuss und schwer zu knacken. Ich brauche einen Stein dafür. Im Inneren der Galle liegt ein dicker Ring aus dichten Waben, und in dem Loch in der Mitte, wo der Kern einer Frucht wäre, ruht ein larvenhafter, fremdartiger Dämon.

4. JULI: Im Morgengrauen überqueren wir die schottische Grenze südwärts, wie die Plünderer alter Zeiten. Bis Penrith ist die Grafschaft Cumbria ein tolkienhaftes Schattenland, dann trennt die Kraft des Lichts Wolken von Hügeln, und die Hügel lösen sich in steile, ummauerte grüne Felder auf.

Meine Tochter Freda wacht auf, von einem inneren Wecker programmiert. Der Lake District gehört zu ihren Lieblingsgegenden. »Ich nehme an«, sagt sie verschlafen, »so sehen die meisten Leute das Land. Aus dem Zug- oder Autofenster.«

In Lancashire schläft sie schon wieder. Ich jage The Killers auf dem CD-Spieler in die Höhe. Hey, das ist nur Rock 'n' Roll mittleren Alters, aber es hält mich wach. Erst als wir nur noch dreißig Kilometer von zu Hause entfernt sind, auf der M 50 neben dem trägen Flusslauf des Wye, öffnet sie das nächste Mal die Augen. »Natürlich«, schließt sie nahtlos an ihre fünf Stunden zurückliegende Bemerkung an, »sehen die Leute nicht, wie viel Arbeit es macht, das Land schön aussehen zu lassen.«

Als wir zu Hause in den Hof einbiegen, sagt sie: »Ich mag unsere Ausflüge« – ein reizender Versuch, von der Tatsache abzulenken, dass ich sie bei einer Achtzehn-Stunden-Rundreise kutschiert habe, in meiner Doppelrolle als Besitzer und Fahrer von Dads Taxi.

Sie geht ins Haus, um für die Ferien zu packen, die sie mit Freundinnen in Cornwall verbringen wird. Ich fahre nach Cockshutt.

Hochsommer in Herefordshire. Hinten in den Eichen von Cockshutt gurren schläfrig die Tauben. Auf dem Asphalt dampft ein Haufen Pferdemist vor winzigen silbrigen Fliegen.

Sobald ich nach dem Weizen gesehen habe, gehe ich in meinen vertrauten Wald. Die Hitze ist in der sommerlichen Düsternis erstickend. In einem Wald ist dies die Zeit des stärksten Lichts, des stärksten Schattens.

Wald und Welt scheinen den Atem anzuhalten, und mir fallen zwei Zeilen von John Clare ein: »Die Brise ruht, der Zweig ist matt / An ihm tanzt jetzt kein einzig Blatt.«

Der Höhepunkt des Jahres. Wir haben den Gipfel des Berges erreicht.

Die Verfasser der alten Bauernalmanache hätten den heutigen Tag einen »Hundstag« genannt, nach Sirius, dem Hundsstern. Oder vielleicht, weil die Hitze Hunde wie den schwarzen Labrador, der mich begleitet, zum Hecheln bringt.

Ich versuche auszurechnen, wie viele Stunden ich allein im letzten Jahr damit verbracht habe, im Wald zu arbeiten. Zweihundert? Dann das Jahr davor und das Jahr vor jenem Jahr und das Jahr davor. Dann all die Stunden, die andere Menschen hier geschuftet haben.

Mein Geist vermag sie nicht zu fassen, all die Arbeitsstunden, zurück durch die Jahrhunderte, um das Land schön aussehen zu lassen.

7. JULI: Unter der Buche mit ihren breiten Fächern aus Zweigen liegen so tiefe Schatten, dass ein Mensch sich darin verstecken

könnte. Man stellt sich Robin Hood im grünen Wald, im Sommerwald vor; Robin Hood im Winterwald wäre eine arme, verfolgte Gestalt gewesen. Robin Hood existiert nur im sommerlich grünen Wald der historischen Fantasie, einem Ort der Hoffnung, wo die Reichen zugunsten der Armen beraubt werden.

> *Unter des Laubdachs Hut*
> *Wer gerne mit mir ruht,*
> *Und stimmt der Kehle Klang*
> *Zu lust'ger Vögel Sang:*
> *Komm geschwinde! geschwinde! geschwinde!*
> *Hier plagt und sticht*
> *Kein Feind ihn nicht*
> *Als Wetter, Regen und Winde.*

> *Wer Ehrgeiz sich hält fern,*
> *Lebt in der Sonne gern,*
> *Sucht selbst, was ihn ernährt,*
> *Froh, dass es ihm gewährt.*
> *Komm geschwinde! geschwinde! geschwinde!*
> *Hier plagt und sticht*
> *Kein Feind ihn nicht*
> *Als Wetter, Regen und Winde.*

> William Shakespeare
> *Wie es euch gefällt*

Sachen fallen herunter; das Grauhörnchen oben im Wildkirschenbaum lässt Kirschen und Zweige auf den Waldboden krachen. Cockshutt kann ein Grauhörnchenpaar verkraften. Sechs sind zu viele. Es muss etwas geschehen.

10. JULI: Ich gehe in den grünen Wald, um nach den Lichtungen zu sehen, die jetzt wild und strahlend blühen, voller Butterblumen, Klee, Margeriten, Gelb, Rot und Weiß. Mein Ziel ist festzustellen, wann ich die Kühe zum Grasen darauflassen sollte. Die Antwort lautet: noch nicht. Die Margeriten sollten erst Samen bilden, damit das Hufgetrampel der Kühe noch mehr Margeriten aussät.

Der Morgen wird von Blut belebt; der Fuchs hat ein halbes Kaninchen zurückgelassen. Kirschkerne auf dem Waldboden sehen aus wie Knochenkugeln, nachdem sie den Verdauungstrakt der Vögel passiert haben.

Abends gehe ich in den Wald – für fünf Minuten »Ich-Zeit« als Pause beim Heuen, aber dämlicherweise trage ich Shorts. Es ist acht Uhr, Insektenstunde, und meine Beine werden, wie wir im ländlichen Herefordshire sagen, »kurz und klein gebissen«.

11. JULI: Wie matt die Blätter an der Hecke aussehen. Der Wiesenkerbel läuft schon gelb an. Die Singdrossel sitzt auf ihrer zweiten Brut.

Der wilde Duft des Geißblatts ist, wie der anderer Pflanzen, abends am schönsten, wenn man entspannt ist und ein Hauch von Feuchtigkeit Gerüche freisetzt.

Nachts im Wald: Old Brown ruft; Kaninchen kommen an den Eingang ihres Baus, schnüffeln und werden schließlich mutig.

Wie erfreulich das Land wird, wenn die Sonne hinter dem Rand der bekannten Welt versunken ist, wenn andere Leute im Bett sind und wenn Sterne über den stillen, dunklen Eichen stehen!

Nachtfalter steigen aus jeder farnigen Ecke auf, weiß wie Feen, Gesandte vom Hof der Mittsommerkönigin. Die Blütenlosigkeit der Farne war den Landleuten ein Rätsel; sie vermuteten, Farne hätten unsichtbare Samen. Wer es schaffte, diese zu ernten, so glaubte man, würde selbst unsichtbar.

12. JULI: Den Hochsommerwald zu betreten ist, als käme man in eine Pfarrkirche; die gleiche uralte Stille, das gleiche gefilterte, erhabene Licht, der gleiche Geruch nach schimmligem Holz.

Natürlich ist es andersherum: Eine Kirche zu betreten ist, wie einen Wald zu betreten. Die gotischen Architekten, die Englands Kirchen erbauten, ließen sich von Bäumen inspirieren. Wenn man einen Laubbaum mit dicken Ästen genauer betrachtet, sieht man, dass der Baum unter dem Ast, wo eraus dem Stamm hervorgeht, zusätzliche, stützende Substanz gebildet hat. Wie eine Konsole. Unter den hohen Eichen zu stehen ist, als stünde man in einem Kirchenschiff – Architektur, die lebende Bäume imitiert.

Frühe Protestanten wie die Lollarden hielten ihre Gottesdienste unter Bäumen ab und nutzten sie auch als Kanzeln.

13. JULI: Heute Morgen wurde ein Mauersegler in der Luft von einem Sperber angegriffen. Es war feucht, deshalb flog der Mauersegler tief. Schwalben kann man als fröhliche Nachbarn vermenschlichen; Mauersegler sind ferne, muskelbepackte Feldherren.

Mittags gehe ich in den Wald: um Mauersegler zu beobachten während einer Pause bei der Heumahd. Die Mauersegler jagen nur über dem Teich und über den Eichen, wo die Kühe waren, und bestätigen so meine Hypothese zur Wirksamkeit von Kuhmist als Mittel zur Vermehrung wirbelloser Tiere.

Ich hebe eine Feder auf – von einem Bussard. Das Teichhuhn wandert am anderen Ufer des Teiches entlang, in seiner albernen Gangart, die wirkt, als würde es vom Kopf nach vorne gezerrt und vom Schwanz geschoben.

Der Zustand der Bäume: Erle – Blätter aus grünem Leder, unglaublich fest und geschmeidig, die Zapfen bereits ausgebildet; Hasel – fertig geformte Nüsse mit noch grüner, weicher Schale; Weißdorn – mit Perlhalsbändern grüner Beeren geschmückt; Apfel – im Lauf von zwei Wochen sind die Früchte rote Kugeln geworden.

An meinem Weg aus dem Wald hinaus bilden die hüfthohen Brombeeren Berge aus rosa Blüten; ein welker Geruch steigt von den Ranken auf, als ich hindurchwate, um nach der Brut des Baumläufers zu sehen. Entlang des Reitwegs flammen die Weidenröschen an der Lichtung auf (die ersten sind am 22. Juni aufgeblüht). Im letzten Jahrhundert hat diese Pflanze eine genetische Veränderung durchlaufen, die sie zu einer robusteren Art gemacht hat.

Ungefähr neun Uhr abends. Es herrscht jene besondere sommerliche Stille, in der Geräusche einzeln und genau zu hören sind; das Tschilpen von Nestlingen; ein Zug in zehn Kilometern Entfernung, hinter goldenen Feldern; das Quietschen eines Zahnarztbohrers von einem lästigen, schnakigen Etwas.

Um Viertel vor zehn fressen die Mauersegler immer noch.

Zehn Uhr abends: Die Mauersegler hören auf zu fressen. Es kommt der Zeitpunkt, an dem sie Insekten nicht mehr sehen können – sie stoßen gezielt auf ihr Ziel zu, statt die Luft zu durchkämmen wie Wale auf Krilljagd.

Die Mauersegler gehen schlafen, aber ihr Platz am Himmel wird von den Fledermäusen eingenommen, die in, durch und um die Erlen peitschen und den Teich aus schwarzem Glas umkreisen wie Haie der Lüfte.

Alle weißen Nachtfalter kommen heraus.

Nur ein flüchtiger Blick, nicht mehr, auf einen Dachs am Nordufer des Teichs.

14. JULI, 15.30 Uhr: Das Geschrei von vier Baby-Zaunkönigen ertönt hinter der Hohen Eiche, im Tarzanranken-Geißblatt. Zwei Kleiber in den Bergahorn-Bäumen; diese Vögel sind irgendwie immer etwas größer, als man sie in Erinnerung hat. Und leuchten-

der – fast wie Eisvögel der Wälder. Mir fällt auf, dass sie beim Von-oben-nach-unten-Klettern am Ahornstamm ebenso geschickt sind wie beim Von-unten-nach-oben-Klettern.

Der Steinpilz, der letzte Woche durchgebrochen ist, vertrocknet und stirbt jetzt; wie altes, lackiertes, rissiges Holz.

Am Boden liegt ein aufgeplatztes Taubenei, eher die Folge einer Geburt als die eines Raubtierüberfalls.

Am sonnigen, warmen Waldrand paaren sich Soldatenkäfer auf dem Wiesenkerbel.

Wie langweilig das Leben in einem Gebäude ist und wie klar und strahlend im Freien, in der Welt vor der Tür.

15. JULI: Die Waldvögel haben beinahe aufgehört zu singen. Nur die Tauben in den Eichen gurren, und ihr schläfriges *Ku-kuu* lässt den Nachmittag noch träger wirken. Die Vögel gehen in die Sommerpause, in der sie sich mausern und leichte Beute für den Sperber werden. Singen wäre selbstmörderische Eigenwerbung.

Wenn Bäume kein Gehirn haben, wie erinnern sie sich dann? Denn sie erinnern sich, sie lernen aus Erfahrung. Die beiden Eichensämlinge, die ich vor drei Jahren an den westlichen Waldrand verpflanzt habe, sind drei Millimeter dicker als die beiden an die geschützte Ostseite des Reitwegs gesetzten. Windgepeitschte Bäume wachsen bei gleichem Licht, gleicher Wasserzufuhr, gleicher Behandlung stämmiger als geschützte.

16. JULI: Am frühen Morgen ertappe ich auf der Koppel unterhalb von Cockshutt die Schweinefutterdiebe auf frischer Tat: Die Damtiere, im Sonnenlicht reizend anzusehen, knabbern aus den Trögen; der Hirsch steht unter der Salweide, jede Sehne zur Flucht angespannt.

Abends um Viertel nach zehn sitze ich auf meinem Stuhl: Die Grenze meines Sichtfelds ist ungefähr fünfzehn Meter entfernt; dann schleicht sie sich an, schließt sich und verschluckt mich.

Manchmal hebe ich Dinge als Gedächtnisstützen auf. Heute Abend ist es ein Stöckchen, um mich daran zu erinnern, dass ein Busch seine Position verändert und mich ins Gesicht gepeitscht hat.

Der helle Weg. Wer hat ihn gemacht, erstmals begangen? Nur an einer Stelle weiche ich von ihm ab: Die Tiere verschwinden unter einem niedrigen Ast, und ich kann keinen Limbo tanzen.

18. JULI, 27 Grad Celsius: Die Wolken haben das sanfte Grau einer Taubenbrust, des hübschesten Geschöpfs, das der Wald kennt.

Die Ahornblätter sind klebrig von Honigtau. Die Samen sitzen fest in ihren Säckchen – wie die Hoden eines Terriers.

Ich sitze im Stuhl; eine einzelne Wespe raspelt mit ihren Mundwerkzeugen an einem herabgefallenen Stück Esche herum.

Der Teich kräuselt sich durch die Erschütterung eines meilenweit entfernt grabenden Baggers.

29. JULI: Sonnenlicht in Scherben und Splittern; dann folgt ein Wolkenbruch, der mir einen Praxistest zu folgender Frage erlaubt: Welcher Baum bietet den besten Wetterschutz? Ich renne herum und probiere alle aus, und die Antwort lautet: Der beste Regenschirmbaum ist die Buche.

30. JULI: Ich besuche den Küstenmammutbaum, diesen »großen freundlichen Riesen«, und vergnüge mich damit, ihn zu boxen, weil seine Rinde weich ist wie ein Schwamm. Weiter oben am Baum läuft duftendes Harz aus, wo Äste abgebrochen sind und die Wunden nässen.

Eine leichte Brise weht, aber die Windmusik der Wälder wird jetzt nicht mehr von Vogelgesang begleitet.

Ein totes Kaninchen wird von den Maden in seinem Inneren wiederbelebt.

31. JULI: Auf der südlichen Lichtung rastet ein Tagpfauenauge auf einem Stein.

Als ich in der Gabelung der Wünschelruteneiche sitze, einer Station des Rundgangs, auf dem ich prüfe, ob die Lichtungen schon beweidet werden können, erkenne ich, dass ich ein neues Kapitel meines Lebens aufgeschlagen habe: Ich betrachte die Eiche – und die Esche, den Hasel, die Ulme, sie alle – mit dem Auge des Försters, des Baumfreunds.

Ich übersetze Bäume in die Objekte, die sie ergeben, in die Nahrung, die sie liefern, in den Schutz, den sie bieten.

Oben im fernen Blätterdach: ein minimal stärker wippender Ast. Das Zeichen eines Grauhörnchens.

Ein Gewehr zu tragen fokussiert den Geist eines Naturfreunds und schärft seine Sinne. Ich töte zwei fette erwachsene Grauhörnchen mit nach links und rechts schwingenden Schüssen aus der Lincoln-Zwölfkaliberflinte.

Espen

Bei Tag und Nacht, bei jedem Wetter außer Winter,
Über der Schmiede und dem Laden und dem Pub,
Die Espen dort am Kreuzweg plaudern munter
Vom Regen, bis die letzten Blätter fallen ab.

Aus Schmiedes Höhle dringt das Klingen
Von Hammer, Eisen, Amboss; aus der Kneipe dröhnt

Das Scheppern, Murmeln, Grölen, manchmal Singen,
Der Klang, der schon seit fünfzig Jahren tönt.

Der Espen Flüstern dennoch nicht erlischt,
Und über fußlos Pfad und lichtlos Fenster,
Leer wie der Himmel, andere Klänge unverwischt,
Ruft es aus ihrer Bleibe die Gespenster.

Die stille Schmiede, stille Kneipe hat vollbracht
In kahlem Mondlicht oder pelzig-düstrem Schimmer,
Im Sturm oder der Nachtigallen Nacht,
Den Kreuzweg zu verwandeln in ein Geisterzimmer.

Auch ohne nahes Haus die Espen rauschen,
Sie wispern über Menschen, Zeiten, Wetter,
Doch Menschen hören nicht, selbst wenn sie lauschen,
Auf meine Verse oder auf die Espenblätter.

Solang sie und ich noch Blätter haben, woher der Wind
  auch weht,
Wir von der Espe uns nicht unterscheiden,
Die pausenlos in unvernünftiger Trauer geht
(So denkt, wer anderen Baum mag besser leiden).

Edward Thomas

Letztes Jahr um die gleiche Zeit war ich in einem Wäldchen an dem französischen Fluss Argenton, das ausschließlich aus Espen besteht. Im kurzatmigen August, wenn alle anderen Bäume Statuen gleichen, zittern die achtzehn Espen. Der wissenschaftliche Beiname der Espe, *tremula*, ist passend gewählt, genau wie ihr deutscher Name »Zitterpappel«. In der Tat zittern sie, und das liegt an ihrer botanischen Gestaltung: Die Blattstiele sind am Übergang zum eigentlichen Blatt abgeflacht, und die (wachstuchartig wasserfesten) Blätter sind nebeneinander aufgereiht wie Signalwimpel an einer Leine. Einzelne Blätter fangen den Wind ein und flattern flexibel.

Bäume sind Musikinstrumente. Jeder Baum ist, wie ein handgefertigtes Instrument, individuell gestaltet.

AUGUST

Im grünen Schatten

Der Monat der Trägheit – Ahorn-Runzelschorf – ein Hermelin »tanzt« – unser englischer Sommer ist hinüber – Hungerspiele – Damwild am Teich – das Sammeln von Brombeeren – Asseln – Eschensamen – die Luftlosigkeit des Hochsommerwalds – Bäumerücken mit dem Pony – die Mauersegler fliegen ab – die Fuchsjungen werden selbstständig

1. AUGUST: Denys Watkins-Pitchford alias BB schreibt: »Von allen Sommermonaten ist der August wohl der langweiligste und lebloseste.«

Wie BB mag ich den August nicht, diesen Monat der Trägheit.

Alles scheint Gelassenheit auszustrahlen: Der schwere Abendfrieden streckt sich vom Rasen bis zum Rand der blauen Hügel empor, wir haben das Heu sicher eingebracht, und die Kühe waren pünktlich zum traditionellen *Lammas Day* am ersten August draußen, um das Herbstgras abzuweiden. Die Lämmer sind entwöhnt, weibliche Schafe und Böcke getrennt und von Kopf bis Klaue untersucht. Ich habe ein Glas Pimm's, Kräuterlikör mit Limonade, in der Hand und ein wunderschönes Tal vor Augen.

Der Landrover meines Nachbarn brummt auf der Landstraße vorbei und schleudert eine helle Staubwolke in die abendliche Hitze. In der Hecke am Straßenrand hängen immer noch die Leitern aus Labkraut, allerdings grau vor Erschöpfung und Staub. Wiesenkerbel und Bärenklau sind vertrocknet und haben Samen angesetzt; sie rasseln im brummenden Luftzug des Landrovers.

Und man weiß einfach, dass der Mietvertrag des Sommers abgelaufen ist.

Im Wald sind die Ahornblätter von Runzelschorf verwüstet, der von dem Pilz *Rhytisma acerinum* verursacht wird, und fallen in ihrem privaten, vorzeitigen Herbst ab.

Sommerwälder: Dunkelheit, Schatten, unbekannte Orte, Mysterien, Abgeschiedenheit, das Gefühl des In-der-Falle-Sitzens. Kein klarer Weg in die Freiheit.

Sommerwälder schließen den Himmel aus, jenes tröstliche Licht, mit dem wir sehen – und steuern.

Beim Betrachten meiner Heuwiese mit ihrem saftigen Herumwälz-Gras und den strahlenden Blumen, direkt neben Cockshutt, denke ich: Der Wald ist ein brutaler Spielplatz, mit Bäumen, die die Haut zerkratzen, und Stöcken, die Füße zum Stolpern bringen.

2. AUGUST: Ich hatte gedacht, der »Tanz« des Hermelins, mit dem das kleine Raubtier potenzielle Beutetiere hypnotisiert, wäre ein altes Naturforschermärchen, aber heute sehe ich etwas Ähnliches. (Ich hätte nicht so engstirnig sein sollen: Sowohl BB als auch W. H. Hudson schreiben über den »Walzer« der Hermeline, und ihre Schriften sind das Evangelium.) Ein Hermelin jagt seinen eigenen Schwanz, so schnell, dass es zu einem unscharfen roten Rad verschwimmt. Zwei junge Kaninchen vor ihrem Bau unter der Stechpalme scheinen aus nichts als Augen zu bestehen. Das Her-

melin hält inne und »keckert«, dann dreht es sich wieder, diesmal allerdings näher bei den Kaninchen.

Als es seinen getanzten Kreis das nächste Mal unterbricht, entdeckt es mich und schießt in den Schutz des Buchenschattens.

Normalerweise fühlt man sich privilegiert, wenn man einen Schauplatz tierischer Verhaltensweisen betritt. Trotzdem verstört mich das Benehmen des Hermelins, und ich brauche eine Weile, um zu verstehen, warum. Ich habe das Gefühl, in ein Märchen mit vermenschlichten Charakteren versetzt worden zu sein. Der Tanz des Hermelins war in seiner durchdachten Arglist, seinem gezielten Hypnotisieren der Kaninchen vollkommen menschlich.

6. AUGUST: Ein schwindelerregender Augusttag, vor dessen heißem Ostwind es keinen Schutz gibt. Der Wald ist vom Sommer ermattet. Die Pflanzen am Boden sind umgefallen, die Blätter wie alte Haut und die Vogelgesänge kraftlos – außer dem des Rotkehlchens.

Sein Gesang ist der unbestreitbare Beweis dafür, dass unser englischer Sommer hinüber ist. Das Rotkehlchen hat seine Mauser hinter sich und steckt bereits sein Winterrevier ab.

Gestern habe ich die Red-Poll-Kühe nach Cockshutt gebracht, und sie dürfen dort frei herumlaufen, nur auf der einen Hälfte der östlichen Lichtung nicht, wo ich einen Elektrozaun als Schutz für die Glockenblumen installiert habe. Sie sind blau, zart und wunderschön – und wimmeln von Bienen, die um ihren Nektar kämpfen.

So ist die Natur.

Heute Abend stehen die Kühe in einer Gruppe um die Wünschelruteneiche und wedeln mit den Schwänzen die Fliegen weg wie für ein archetypisches Waldporträt. Sie haben an allen Eschenblättern in Fressweite herumgezerrt; wie John Evelyn es ausdrückte, sind Rinder »ungemein begehrlich« nach Esche.

10. AUGUST: Die Hungerspiele. Wider Erwarten ist der August jener missliche alte Monat am Ende des Sommers, in dem die meisten Pflanzen ihren üppigen jugendlichen Bestzustand hinter sich haben, die Herbstfrüchte noch unverdaulich unreif sind und die Raubtiere sich sämtliche leichte Beute – die sehr Jungen, die sehr Alten, die Langsamen – schon geschnappt haben und dennoch zu Hause noch viele hungrige Mäuler stopfen müssen.

Im Sommer kann die Sterberate bei Raubvögeln und fleischfressenden Tieren ebenso hoch sein wie im Winter. (Unwahrscheinlicherweise bin ich bei diesem Thema Experte: Einmal habe ich ein Jahr lang ausschließlich von dem gelebt, was ich auf unserem Sechzehn-Hektar-Bauernhof in den Hügeln von Herefordshire gejagt, geangelt und gesammelt habe.)

In der August-Hungersnot beobachte ich Old Browns Ehefrau, wie sie auf der feuchten Lichtung herumhüpft und Regenwürmer aus der Erde zieht wie eine ungelenke Amsel. Zurzeit ist der ärmliche *Lumbricus terrestris* die Basiskost aller möglichen Tiere. Sage und schreibe sieben Bussarde hopsten gestern auf dem nachgewachsenen Gras der Heuwiese herum und verschlangen die Würmer, die im Regen an die Oberfläche gekommen waren. Die übliche adlerhafte Arroganz war von ihnen abgefallen. Sie hatten die Würdelosigkeit von Kunden am Wühltisch beim Sommerschlussverkauf.

11. AUGUST: Am hitzegetränkten Waldrand steht das Geißblatt in Blüte; als ich die Ranke zurückverfolge, reicht sie allerdings zehn Meter ins Waldinnere, sodass die Wurzeln am kühlen Fuß einer Esche liegen. Hier ist es ungefähr drei Grad kälter als am äußeren Wall aus Stämmen.

Ich genieße gerade die willkommene Zuflucht vor der Hitze und der Schufterei des Zäunestellens, als das Damwild durch den grünen Schatten der Eichen heruntergetrippelt kommt.

Als sich die fünf Tiere drehen, um sich an den Rand des Teiches zu stellen, fangen ihre seidigen Flanken die Sonne ein, und sie leuchten in goldenen Strahlenkränzen. Sie stehen zum Trinken in einer Reihe, fast unbelebt, wie Plastikspielfiguren des Modells »Trinkendes Damwild am Wasserloch«.

Sie müssen durstig sein, wenn sie sich mitten am Nachmittag aus ihrer Festung wagen.

Hirsche entspannen sich nie. Sie sind ständig angespannt, unter Strom.

Ich nehme an, irgendwann trägt die warme Luft einen meiner Düfte hinüber, denn der junge Hirsch schaut auf. Und schießt davon. Die Damen folgen ihm auf dem Fuß, ohne Zögern, ohne Zweifel. Alle fünf rasen davon, in Schlangenlinien zwischen den im Weg stehenden Bäumen hindurch; ihre Stummelschwänze blitzen in entschwindendem Weiß durchs grüne Zwielicht.

Die Hirsche trotzen dem Meer aus Brombeeren, dem Notausgang hinaus aufs Feld. Die Sonnentage haben den Waldboden ausgetrocknet, und das Trommeln der Hufe lässt die Erde erzittern.

Ein eindrücklicher Klang, das kann ich Ihnen sagen; er ist das Echo der normannischen Jagden im wilden Wald von einst.

Als Vita Sackville-West in ihrem Buch *Schloss Chevron* die unvergängliche ländliche Romantik Englands heraufbeschwören wollte – welche Elemente der Natur führte sie auf? Nun, »das Laub der Bäume, die Hasen und Rehe«.

Allerdings waren diese Damhirsche eine seltsame Gruppe. Normalerweise verbringen männliche Hirsche den Sommer als einsame Wanderer; manchmal schließen sie sich auch zu kleinen Junggesellengruppen zusammen. Und es waren keine Kälber dabei. Ich dachte zuerst, die Hirsche stammten aus dem Nachbarwald Hole Wood und hätten ihr Revier erweitert, aber inzwischen glaube ich, es sind Flüchtlinge aus einer Hirschfarm, die zusammenhalten.

15. AUGUST: Frühmorgens mache ich meine übliche Viehrunde zu den Schweinen, Kühen, Schafen. Ich spaziere durch Cockshutt, um den Teichhühnern Guten Morgen zu sagen, komme aber nicht weiter als bis zu dem Reisighaufen an der Südlichtung, den ich in unserem ersten Jahr nach dem Abholzen der Bäume angelegt hatte.

Ein Dachs hat über Nacht einen Stollen in den Haufen gegraben. Er muss gerade erst verschwunden sein, weil überall Asseln hervorquellen, begleitet von dem Uringestank, den diese Art verbreitet, wenn sie in großen Kolonien lebt. (Sie scheiden Ammoniak aus.) Es sind sowohl Mauerasseln als auch Rollasseln darunter, die einen so bizarr wie die anderen. Asseln sind Krebstiere, die sich an das Leben an Land angepasst haben; sie brauchen Feuchtigkeit, weil sie immer noch durch Kiemen atmen. Diese Kiemen sitzen an ihren Beinen. Ihre Eier tragen sie in einer Bruttasche mit sich herum, die sie feucht halten wie ein Miniaturaquarium. Rollasseln haben die Fähigkeit, sich zu einer winzigen Kugel zusammenzurollen. Im mittelalterlichen England schluckte man sie lebendig – als Pillen gegen Verdauungskrankheiten.

Die engste Verwandte der Assel ist die Krabbe. Wie ich schon sagte: bizarr.

Ich stecke meine Nase in den Asselstollen des Dachses, aber nur zur Hälfte. Mehrere Sechsaugenspinnen lungern darin herum – nachtaktive, giftige Spinnen mit sechs Augen, die sich von Asseln ernähren. Die Beißwerkzeuge dieser Spinnen sind kräftig genug, um die Haut eines Menschen zu durchdringen.

16. AUGUST: Die Eschen sind voller Samen; auf Englisch heißen sie *keys*, »Schlüssel«, weil sie in Büscheln herabhängen, die aussehen wie der Schlüsselbund eines mittelalterlichen Kerkermeisters. Abenteuerlichen, aber weit verbreiteten Gerüchten zufolge schmecken frisch gereifte, geschälte Eschensamen angenehm. Ich habe sie

nie anders erlebt als mundzusammenziehend bitter; roh schmecken sie nach Wermut. Sauer eingelegt schmecken sie auch nach Wermut. Leute, die sie mögen, sagen, sie würden wie Kapern schmecken und seien eine pikante Zugabe zu kaltem Braten oder fettem Fisch.

Falls Sie Eschensamen einmachen wollen, pflücken Sie sie, solange sie noch grün sind.

Die Esche ist auch ein praktischer Baum, wenn man sich einer Kreuzotter gegenübersieht. Laut dem Volksglauben hassen Kreuzottern Eschen so sehr, dass sie eher durch Feuer als durch die Blätter von *Fraxinus excelsior* fliehen würden.

17. AUGUST: Ein Kaninchenjunges kommt zum Teich herunter und paddelt im flachen Wasser herum, bevor es mich wittert und davonschießt. Ich konnte keinen Grund für das Spielen im Wasser erkennen – außer Lebensfreude.

Das Ganze hatte nur eine Minute gedauert, wenn überhaupt. Ich blieb zurück, lauschte der Musik der Brise im Schilf und bewunderte die hübschen Muster, die sie aufs Wasser zeichnete.

18. AUGUST: Um fünf Uhr morgens mache ich einen Rundgang durch den Wald, dann steige ich mit Freda in den Saab, um an die Somme zu fahren, wo wir um fünf Uhr abends ankommen. Ich arbeite an einem Buch über den Ersten Weltkrieg und muss obskure Eigenarten der Landschaft überprüfen. Zurzeit empfiehlt man Landwirten, ihre Produktpalette zu erweitern. Mein Nebenprodukt sind Bücher.

Die Laubwälder und Wäldchen an der Somme, in denen britische Soldaten schattige Zuflucht vor der Sonne der Picardie fanden, waren gleichzeitig die Erd- und Holzlieferanten der deutschen Soldaten.

Wälder sind die Festungen der Natur. Die britischen topografischen Karten aus dem Jahr 1916 verzeichnen vierundvierzig Wälder und fünfzehn Wäldchen auf dem Schlachtfeld an der Somme; der größte von ihnen war der »Mametz Wood«, in dem sich Linden, Eichen, Hainbuchen und Haselsträucher über fünfundsiebzig Hektar erstreckten. Der »High Wood« war für seine Esskastanienbäume bekannt, aus denen Heugabeln gemacht wurden; ab September 1916 wurde er als Friedhof berühmt. Es wird geschätzt, dass heute noch zehntausend britische und deutsche Soldaten ungeborgen hier ruhen. Auf einigen der bewaldeten Flächen an der Somme gab es offene, grasbestandene Reitwege – sie lieferten den grau gekleideten deutschen Verteidigern hervorragende Schussbahnen. Und so stapelten sich die khakigrün gekleideten Gefallenen im Mametz Wood und im High Wood – Namen, in denen bis heute das Leid des Ganzen nachklingt. Zu denjenigen, die im Mametz Wood verletzt wurden, zwischen »wuchernd wirrer Eiche und geschunden glänzendem Buchenstamm und zarter Birke«, gehörte der Soldat David Jones, Verfasser des Prosagedichts *In Parenthesis*.

19. AUGUST: Wir verlassen das Hotel Ibis Albert (eine Herberge, die so auf den Weltkriegstourismus eingestellt ist, dass sogar der Teppichboden ein Mohnblumenmuster trägt) um acht Uhr morgens und treffen abends um acht wieder zu Hause ein. Dann gehe ich direkt in den Cockshutt Wood und komme gerade rechtzeitig, um zu sehen, wie ein Fuchs in einer späten goldenen Ecke eine Brombeere nascht.

20. AUGUST: Auf dem Reitweg durch den Wald und in die Bäume.

Nach der pochenden Hitze ist der Waldschatten angenehm ... Die Erleichterung ist kurzlebig. Die Blätter der Bäume sind wie erstickendes Tuch. Längst vorbei ist die Zeit frühlingshafter Transparenz, als die Eichenblätter wie Scherben aus grünem Glas aussahen.

Der Augustwald ist dunkel. Niedrige, überhängende Ahornzweige bilden schwarze Grotten.

Irgendeine außergewöhnliche Kraft hat sämtlichen Sauerstoff aus dem Wald gesogen. Die Tonnenbrust von Willow, unserem Shetlandpony, weitet sich wahrnehmbar. Die Luft funktioniert nicht; sie liefert keine Energie.

Wir schnappen nach Luft wie Fische auf dem Trockenen.

Ich treibe Willow durch ein Schütteln der langen Zügel an. Wir traben weiter, im Viervierteltakt, ich hinter ihm, ein einsamer Wicht in einem englischen Wald, der immer tiefer in die Dunkelheit vordringt. Willow mit seinem goldbraunen Fell strahlt; er ist buchstäblich mein Orientierungslicht.

August ist der atemlose Zenit des Sommers; zu diesem Zeitpunkt hat die Vegetation die Grenzen des Wachstums erreicht und das Blätterdach ist am dichtesten. Im Wald herrscht schon am Vormittag Nacht.

Die Stille des Waldes ist beinahe vollkommen. Mönchsgrasmücke, Fitis, Waldlaubsänger – sie alle haben schon Mitte Juli aufgehört zu singen. Selbst der Zilpzalp hat seinen durchdringenden Zweitongesang eingestellt.

Aber es gibt die wiederkehrende Plage fliegender Insekten. Willow hat Glück; er ist mit abstoßend zitronenbitterem Insektenschutzmittel getränkt. Ich nicht. Stechmücken grapschen an meinem Gesicht herum; ich schlage unaufhörlich schiefergraue Bremsen weg.

Oben im Geißblatt, das immer noch blüht, summen ein paar Bienen vor sich hin; ihr Brummen betäubt das Hirn und versetzt den Wald in einen Zustand der Benommenheit.

Der Weg kurvt an einer Lichtung entlang, und plötzlich sticht ein freudiger Sonnenstrahl herab. Ein Tagpfauenauge rastet auf einem Baumstumpf und lässt seine Flügel trocknen, nachdem es aus seiner Puppenhülle im Brennnesselfeld geschlüpft ist.

Der August ist im Wald ein leiser, aber dennoch geschäftiger Monat. Die Großen Kohlweißlinge sind schon bei ihrer zweiten Brut; ein junges Rotbraunes Ochsenauge flattert zwischen den Bäumen hindurch wie ein vom Wind verwehtes Blatt.

Auch Igel gebären im August einen zweiten Wurf Junge, während die ersten auf der Landstraße unter die Räder der Autos tapsen und rot-schwarze Schmierspuren hinterlassen, wie letzte Nacht. Immerhin liegt Cockshutt an der äußeren Reviergrenze des örtlichen Dachses, und so werden die hiesigen Igel nicht von seinen Grabschaufeln zerlegt.

Zwei Schwanzmeisen, die eine späte Brut zu ernähren haben, arbeiten einen Birkenast ab und beginnen dann von Neuem. Fressen. Wiederholen. Eine Schwanzmeise erbeutet alle 2,5 Sekunden ein Insekt. Oder so ungefähr.

Auch auf einem Bauernhof mit Tieren ist der August ein ruhiger Monat. Wir haben schon im Juli »geheut«, und der Mais wird nicht vor Oktober geerntet. Die Lämmer sind entwöhnt, und die Kühe sollten erst im September kalben.

Also machen Willow und ich einen Heimwerker-Ausflug zum Holzrücken; wir wollen zwei Fichtenstämme aus dem Wald ziehen. Die Fichten sollen als Stützen für einen Unterstand auf der Wiese dienen. Selbst im Jahre des Herrn 2017 gibt es noch Zeiten, wo Pferdestärken alles sind; nur ein Vierbeiner passt durch den Waldweg.

An einer Erle hat ein Damhirsch samtige Fetzen hinterlassen. Im August, wenn ihre neuen Geweihe ausgewachsen sind, versuchen die Hirsche, die juckende Basthaut so schnell wie möglich loszuwerden. An heißen Tagen wie diesen wird der Drang, sich zu kratzen, übermächtig – dann fegen sie ihre Geweihe an Bäumen mit rauer Rinde, bis der Knochen darunter freiliegt.

Unter einem Haselstrauch liegen die Schalenreste, die ein junges Grauhörnchen nach seiner eiligen Suche in den Büschen hinterlassen hat; es hat die Nüsse getestet und sie alle für sauer und weißlich-grün befunden, ebenso unreif wie das Tier selbst.

Die Wildäpfel schwellen an, eine Art Verheißung. Sie liefern das Gelee zum Wildbret des Herbstes und zum Toast am Sonntagmorgen. Eine der Buchen zeigt das erste Gold. Jedes Jahr ist es dasselbe: Dieser eine Baum zeigt als Erster den Tod des Sommers an.

Irgendwo an der Nordspitze des Waldes, die auf den Gipfel des Hay Bluff weist, klatscht eine Ringeltaube durch den Wald, findet eine Höhle in der Lärche und entkommt der drückenden Hitze. Von der gleichen Stelle her gurrt eine andere Taube: *Guu-guu-guu/ guu-guu-guu-guu/guu-guu-guu-guu/guu* – Der Gesang endet abrupt, als hätte der Vogel seine sanfte Sommermelodie für hoffnungslos befunden und aufgegeben.

Ich binde die beiden Stämme an Willows Geschirr; das blaue Nylonseil leuchtet im düsteren Schatten der Fichten elektrisierend grell.

Wir machen uns auf den Rückweg. Die Bäume schließen sich um uns. Birken. Erlen. Bergahorn. Hasel. Salweiden. Buchen.

Wir nehmen den Pfad am Teich entlang, versuchen, ein wenig Luft und Licht zu finden. Das teerige Wasser ist unbewegt. Im Schilf ruft das Teichhuhn seinen Alarm. (Nach all dieser Zeit, mein geliebtes Vögelchen?) Sein Protest lässt nach, hört aber nie ganz auf, und es kläfft mich in Abständen weiter aus seiner grünen Schwerterfestung heraus an.

Plötzlich taucht aus der Sonne ein Mauersegler herab, nimmt einen Schluck Wasser und kreischt einen Abschiedsruf. Die »Kreischschwalbe« ist auf dem Weg nach Süden. Das häuslich veranlagte Teichhuhn ist wenig beeindruckt und zetert weiter.

Ich kann Ihnen sagen, warum der Schatten des Augustwalds so bestürzend wirkt. Er ist ein Vorgeschmack des Winterschattens.

23. AUGUST: 25 Grad. Die Bewegung der Blätter verrät den unsichtbaren Wind.

Fünf Minuten lang trabe ich durch den Wald, auf der Suche nach einem verirrten Schaf; diese Spezies ist zum Herdentier bestimmt und dennoch immer genau im falschen Moment so verdammt individualistisch veranlagt.

Ich lasse meinen Blick über die Szenerie schweifen: Greiskraut; Nachtschattenblüten; weiße Marmorwolken; eine grüne Libelle; Geißblattblüten, die knallroten Beeren weichen.

Aber kein verirrtes Schaf.

29. AUGUST: Schon wieder Hitze. Im Wald Düsternis, als hätte jemand das Licht ausgeknipst. Wolken großer weißer Schmetterlinge; ihr Flug ist teils unbeirrt, teils ungeschickt.

Moskitos wimmern (ein Pleonasmus, das gebe ich zu: Ihr Name leitet sich vom griechischen Wort für »Fliege«, *muia*, ab, das versucht, das nervtötende Geräusch ihres Fluges wiederzugeben). Äpfel füllen sich und wachsen in aller Stille.

Ich sehe zum ersten Mal, wie die herbstlichen, neblig-weißen Spinnweben die Brombeeren überfluten.

30. AUGUST: Grauhörnchen sind Baumratten, auch wenn man über ihre Seiltanznummern schmunzeln muss.

Schwalbengeschnatter und das *Pii-au, Pii-au* des Bussards.

Dreihundert oder mehr Mehlschwalben drängen sich auf den Scheunen. Der Vogelzug ... Wenn das Schwalbenvolk nach Süden aufbricht, ist das die unverkennbare, unüberbrückbare Kluft zwischen Sommer und Herbst.

Und trotzdem klammert man sich weiter an den Traum vom Altweibersommer.

Von unten aus dem Tal, über die abgeernteten Felder mit ihren Zikkurats aus wartenden Strohballen, klingt das Geplauder und Gläserklirren einer Party herauf. Ferne Stimmen, aufgedrehte Atmosphäre.

Heute Abend geschieht einer jener landwirtschaftlichen Zufälle, die einen triumphierend die Faust hochreißen lassen, als Gruß an den Gott der Vorsehung. Das verirrte Schaf wartet neben dem Koppelgatter an der Landstraße.

Ich öffne das Gatter, und das Schaf rennt blökend hinein, glücklich wie Larry das Lamm. Wenn ich auf Twitter wäre, würde ich diesen Tag mit dem Hashtag #Erfolg versehen.

31. AUGUST: Ungefähr um neun Uhr abends ist ein junger Fuchs ganz alleine draußen. Die Fuchswelpen sind in die weite Welt hinausgeschickt worden, um auf eigenen Füßen zu stehen. Der einsame Wolf.

SEPTEMBER

Die Vögel sind fort

Herbstdüfte, dick wie ein Vorhang – glitzerndes Moos – Aufenthalt in einem Laubwald: gelebter Pointillismus – Buchenmast für die Schweine – geröstete Bucheckern – der Zilpzalp singt wieder – Faulbaum-Bläulinge – ein Mauswiesel – Nüssesammeln – die Eibe auf dem Friedhof von St. Bartholomew's – fallende Eicheln – eine Halluzination aus Violetten Ritterlingen – die gesunden Eigenschaften von Holunderbeeren – Buntspechte klopfen um ihre Reviere – Igel fressen sich Fettreserven für den Winter an

4. SEPTEMBER: Der Wald ist feucht, und herbstlicher Moderduft hängt wie ein dicker Vorhang darin, aber Teile von Cockshutt sind immer noch grün, vor allem das glitzernde Moos auf den Steinen und die Zweige neben dem Entwässerungsgraben.

Unter den Fichten leuchtet das Greiskraut in schockierendem, unvorstellbarem Gelb.

Ich erhasche einen flüchtigen Blick auf ein Kaninchen – einen Blitz –, während es auf Unterschlupfgeschwindigkeit beschleunigt.

So ist das in einem Wald mit Blätterdach: Sehen und Hören findet in Bruchstücken statt. Gelebter Pointillismus.

5. SEPTEMBER: Als ich über den Zaunübertritt in den Wald steige, knackt die Buchenmast zufriedenstellend unter meinen Fü-

ßen – die Samenkapseln sind in dreifachen Schlitzen geöffnet, die Kerne mahagonibraun und glänzend.

Ein Trupp von sechs Buchfinken ist derart versunken in das epikureische Vergnügen des Bucheckernfressens, dass ich sie beinahe zertrete, bevor sie wegfliegen. Wenn Buchfinken den Boden durcharbeiten, scheinen sie mit dem Kopf zu nicken – oder eher den Kopf stillzuhalten, die Augen auf die Beute gerichtet, und dann mit dem ganzen Körper nach vorn zu zucken.

Nachdem schon so viele Bucheckern gefallen sind und die Finkensaison beginnt, ist nun der Moment gekommen, die Schweine schlemmen zu lassen und die Kühe herauszuholen (Bucheckern und Eicheln sind für sie Gift), darunter das im Frühling geborene weibliche Kalb, das schon halb so groß ist wie seine Mama. Ich verbringe den frühen Nachmittag damit, einen Elektrozaun aufzustellen; drei horizontale Drähte an Plastikstäben rings um die Schlucht und den unteren Teil des Waldes, aber ohne die Lichtung. Schweinerüssel sind wie rücksichtslose Bagger.

Der Elektrozaun ist mit einer Traktorbatterie verbunden. Ich lasse die Schweine in ihren neuen Auslauf. Das Kreischen des Ferkels, das mit seiner feuchten Schnauze den Zaun berührt, wird von den Bäumen nicht abgedämpft.

Buchen tragen nicht jedes Jahr Samen, sondern nur alle drei bis vier Jahre; dann allerdings ist die Ernte meist üppig.

Bucheckern bestehen zu ungefähr 20 Prozent aus einem dicken, süßlichen Öl, das sich hervorragend zum Braten eignet.

Um das Öl zu gewinnen, zerkleinert man sie in einer Elektromühle oder mit dem Fitnessgerät namens Mörser und presst die Masse durch ein Sieb, ein Mulltuch oder eine frisch gewaschene Feinstrumpfhose.

Anderthalb Kilo Bucheckern sollten ungefähr 250 Gramm Öl

ergeben. Es schmeckt am besten, wenn Sie sich die Mühe machen, jede einzelne Nuss zu schälen, und noch besser, wenn Sie die leicht bittere Haut um den Kern abschaben. Das ist allerdings eine fummelige Arbeit.

Bucheckernöl wurde in Großbritannien bis zum viktorianischen Zeitalter kommerziell produziert, und in Frankreich wird es von manchen Köchen heute noch höher geschätzt als das allgegenwärtige Olivenöl.

Rohe Bucheckern sind leicht giftig; also sollte man sie immer vor dem Essen kochen. Ansonsten kann man sie auch prima zum Aromatisieren von Gin verwenden.

Geröstete Bucheckern

Die Kerne schälen, auf einem Backblech verteilen
und mit Olivenöl extra vergine beträufeln.
Bei 180 °C goldbraun rösten. Auf einem Küchentuch
abtropfen lassen, in gemahlenem Meersalz wenden
und als Partysnack knabbern.

8. SEPTEMBER: Dies ist, so vermute ich, unser letzter schöner Tag. Die Mehlschwalben sind noch da, und der Herbst hat es noch nicht geschafft, seine Klauen in restlos alles zu versenken. Das Sonnenlicht fällt überraschend grün durch den Weißdorn und täuscht überzeugend Jugendlichkeit vor.

Eine tote Ringeltaube liegt auf dem Weg durch den Wald, ohne Anzeichen für eine Krankheit oder den Angriff eines Raubtiers. Insofern nehme ich an, dass manche Ringeltauben eines natürlichen Todes sterben, die ihnen zugewiesene Lebensspanne ausschöpfen. Und ich behaupte immer noch, dass die Ringeltaube unser am meisten unterschätzter Vogel ist: Sie liegt gut in der Luft, schnell wie ein Sperber, ihr liebliches Gurren versüßt jeden Sommertag, auf dem Teller schmeckt sie lecker, und der rosige Porzellanhauch ihrer Brust ist Kunst.

9. SEPTEMBER: Der Tag erwärmt sich nach einem schlechten Start, und am Nachmittag fliegen Kohlweißlinge und Schnaken über dem Reitweg.

Der Zilpzalp nimmt seinen Gesang wieder auf, aber er klingt weniger schwungvoll als seine vollmundige Vorstellung im März. Wie Edward Grey es ausdrückte, ist der Herbstgesang des Zilpzalps »eine gedämpfte Wiederholung, … eine Art leiser Abschiedsgruß, bevor uns der Zilpzalp für seine lange Reise nach Süden verlässt«. Der Zilpzalp ist der letzte Laubsänger, der noch zwitschert; alle anderen sind in die Erinnerung entschwunden.

Eine Familie von Faulbaum-Bläulingen, so spät dran, dass sie mir unzeitgemäß vorkommt, fliegt um den Efeu herum, wo sie Nektar aus den grünen Blüten schlürft.

11. SEPTEMBER: Während ich auf meinem Stuhl sitze, merke ich plötzlich, dass ich beobachtet werde. Ein Mauswiesel sitzt aufgerichtet unter der Hohen Eiche, so nah, dass ich jedes Schnurrhaar sehen kann. Die schwarzen Knopfaugen sind bar jeglicher Freundlichkeit.

Wiesel. Sagen Sie es laut. Es gibt keinen gemütlichen Märchenonkel-Tonfall, in dem man »Wiesel« aussprechen könnte. Dieses Tier ist gleichbedeutend mit Schlauheit von der tödlichsten Sorte.

Das Mauswiesel stammt aus alten Zeiten, ist aber dennoch das perfekte moderne Raubtier; dreißig miniaturisierte, bösartige Zentimeter Muskeln mit nadelspitzen Zähnen. Es ist schlicht unfähig, die Gestalt auf dem Stuhl einzuordnen, mit ihrem Gestank nach Schaf (ich habe meine Arbeitsjacke an). Schließlich entscheidet es sich für Diskretion und schlüpft fort.

12. SEPTEMBER: Die Haselnüsse sind so reif, dass sie herunterfallen, wenn ich am Baum schüttele.

14. SEPTEMBER: Heute ist der Tag der Kreuzerhöhung, ein Feiertag, über den John Clare an William Hone schrieb:

> *Am Tag der Kreuzerhöhung, so glauben junge & alte Leute ehrlich & mit Überzeugung, geht der Teufel Nüssesammeln & ich habe von vielen Menschen gehört, dass sie das früher für ein Märchen hielten, bis sie sich an jenem Tag in die Wälder wagten und dort einen so starken Gestank nach Schwefel wahrnahmen, dass er sie beinahe erstickte, bevor sie wieder nach draußen entkommen konnten – & der Kuhjunge stellte zu seiner großen Enttäuschung fest, dass der Teufel nicht einmal seine Brombeeren in Ruhe lässt & er glaubt, dass sie seit diesem Tag durch seine Berührung vergiftet sind.*

Der Schriftsteller und Farmer William Cobbett, ein deutlich bodenständigerer Mensch als Clare, machte die Beobachtung: »Gute Nussjahre sind immer gute Bastardjahre« – aufgrund der gottlosen Freuden, die das Volk beim Nüssesammeln genoss.

15. SEPTEMBER: Im Mittelalter wurde der Haselstrauch dem heiligen Philibert zugeordnet, weil dessen Gedenktag am 20. August gefeiert wird, an dem die Nüsse angeblich reif werden. Weder ich noch die Grauhörnchen noch die Waldmäuse haben sie je vor Mitte September richtig reif gefunden. Und weil der Teufel, dem man am

besten aus dem Wege geht, gestern beim Nüssesammeln war, gehe ich heute hinaus, um Haselnüsse zu ernten.

Das moderne Wort »Hasel« ist mit dem angelsächsischen *haesel* verwandt, was »Hut« bedeutet und auf die gerüschte Hülle anspielt, in der die Nuss steckt.

Die Benennung mag aus dem Mittelalter stammen, aber die kulinarische Verwendung von Haselnüssen geht bis in die Vorzeit zurück; sie spielten eine wichtige Rolle auf dem Speiseplan der Jäger und Sammler der mittleren Steinzeit. Heben Sie eine Haselnuss auf, um sie zu essen, und Sie sind der erste Mensch, ein Adam oder eine Eva der Neuzeit.

Haselnüsse enthalten proportional mehr Protein als Hühnereier, außerdem eine beträchtliche Menge Öl.

In der Küche: Verteilen Sie geschälte Haselnüsse auf einem Backblech (bei 150–200 °C ungefähr zehn Minuten), und bewachen Sie sie mit Adleraugen, weil sie leicht anbrennen. Wenn sie abgekühlt sind, bestreue ich sie mit Salz, zum Knabbern. Ein Teil des Essvergnügens, das gebe ich zu, ist das Wissen, dass ich den Grauhörnchen Cockshutts Beute weggeschnappt habe.

Haselnuss-Pilz-Pâté

Für vier Personen

1 kleine rote Zwiebel, gehackt

2 Esslöffel Olivenöl extra vergine

1 Zehe Knoblauch, zerdrückt

150 g Steinpilze oder braune Champignons

1 Teelöffel Cognac oder Brandy

100 g geröstete Haselnüsse

250 g Räuchertofu

1 Teelöffel frischer Rosmarin, gehackt

1 Teelöffel frischer Thymian, gehackt
1 Teelöffel Shoyu-Sojasoße
1 Esslöffel Wasser
Salz und frisch gemahlener schwarzer Pfeffer

Die Zwiebelwürfel im Olivenöl anbraten, bis sie glasig sind. Knoblauch und Pilze zugeben und bei mittlerer Temperatur anbraten, bis die Pilze weich sind. Vom Herd nehmen und den Cognac oder Brandy unterrühren.
Die Haselnüsse im Mixer zerkleinern. Tofu, Kräuter, Shoyu und die Zwiebel-Pilz-Mischung aus der Pfanne dazugeben und weiter pürieren, bis eine feste Paste entstanden ist. Vielleicht müssen Sie noch etwas Wasser zugeben. Würzen und auf Toast servieren.

16. SEPTEMBER: Ein Ausflug zur Kirche St. Bartholomew in Much Marcle. Auf dem Friedhof gibt es eine 1500 Jahre alte Eibe; 2006 wurde ihr Durchmesser mit 9,42 Meter beziffert. Im Inneren der Eibe kann man sich auf eine u-förmige Bank setzen; ein rustikales Zimmer.

Generell hat das Kernholz der Eibe hat eine hohe Druckfestigkeit, ihr Splintholz eine hohe Zugfestigkeit. Die Bogenschützen im England des Mittelalters machten ihre tödlichen Langbögen aus Eibe, aus jenem Teil des Stamms, an dem Kernholz und Splintholz aufeinandertreffen. Mit dem dunklen Kernholz an der Innenseite und dem hellen Splintholz an der Außenseite hatte der Eibenbogen eine enorme Spannkraft und machte in den Schlachten von Crécy und Agincourt kurzen Prozess mit den französischen Rittern, trotz ihrer teuren Rüstungen.

Robert von Ranke-Graves behauptet in seinem Buch *Die weiße Göttin*, die Eibe sei in allen europäischen Ländern der symbo-

lische Todesbaum. Wie bei St. Bartholomew's stehen auf vielen englischen Friedhöfen Eiben, die älter sind als die Friedhöfe selbst,
was vermuten lässt, dass die Christen ein wenig religiöse Aneig-
nung betrieben, indem sie ihre Kirchen an Druidenstätten errich-
teten.

Fast alle Teile der Eibe enthalten hochgiftige Alkaloide, sehr
passend für einen Friedhofsbaum. (Die einzigen essbaren Teile
sind die Beeren, solange die Samen nicht verzehrt werden.) In seinem Gedicht »Elegie, geschrieben auf einem Dorffriedhof« zehrt
Thomas Gray von diesen düsteren Assoziationen:

Wo zwischen Eiben sich die Gräberstellen
Aufwölben, die kaum je ein Lichtstrahl traf,
Liegen auf ewig in den engen Zellen
Die rohen Ahnen dieses Dorfs im Schlaf.

Und nachdem ich heute in einer Eibe gesessen habe, sehe ich, dass
William Wordsworths »Zeilen hinterlassen auf einem Sitz unter
einer Eibe« aus reiner, destillierter Wahrheit bestehen:

Nein, Wandrer, halt! Die solitäre Eibe hier
steht fern von aller menschlichen Behausung: Wie, wenn
kein sprudelnd Bächlein hier das grüne Kraut umspielte?
Wie, wenn die Biene nicht die kahlen Zweige liebte?
Doch bei des Windes sachtem Atem wird das Plätschern
der Welln, die sich an diesem Ufer brechen, deinen Sinn
mit einem sanften Anstoß wiegen, der Leere abgewonnen.

Wer der gewesen,
der diese Steine häufte, mit bemoosten Soden
erst überdeckte und dann den betagten Baum, der jetzt

verwildert, lehrte, seine Arme drüberhin verschattend
zu breiten, weiß ich gut. – 'S war einer, welcher keine
gemeine Seel besaß. In seiner Jugend reich begabt,
mit hohen Anschauungen schwanger, ging er in
die Welt, im Herzen rein, gegen den Makel lüderlichen
Geschwätzes, gegen Scheelsucht, Haß & Hohn, ja gegen
jegliche Widrigkeit gefeit – nur gegen eine nicht:
Mißachtung. Und so verdampften seine Lebensgeister
im Nu; mit vorschneller Geringschätzung wandt er
sich ab, und an des Stolzes Nahrung nagte seine Seele
in Einsamkeit. – Fremder! Dies düstere Gezweig
schlug ihn in Bann; hier saß er gern mit seinen einzigen
Besuchern: dem Schaf, das sich herbeiverirrt, und dem
Flußuferläufer oder Schwarzkehlchen; und auf
den kahlen Felsen hier, karg übersät von Haidekraut,
Wacholderbusch & Disteln, seine Augen
zu Boden starr gesenkt, da hegte manche Stunde
er ein morbides Lustgefühl, indem er daraus ein
Emblem des eignen unfruchtbaren Lebens las;
und wenn das Haupt er hob, dann schaute er
auf die entfernt're Landschaft – wie reizend ist sie,
die du siehst! – und schaute so lange, bis sie
noch reizender geworden, und sein Herz die um
so schön're Schönheit nicht mehr aushielt. Auch vergaß
er damals nie der Wesen, denen in der Seele,
von Mühen der Mildherzigkeit erwärmt,
der Mensch an sich und seine Welt als eine Szene
verwandten Liebreizes erschienen: und dann seufzte
er auf beim traurigfreudigen Gedanken, daß die andern
empfanden, was er nie empfinden durfte. Und so,
Verlorener!, zehrt' Phantasie an visionären Bildern,

bis ihm die Thränen in die Augen schossen. – Hier in
dem tiefen Tal starb er. – Nur dieser Sitz erinnert ihn ...

William Wordsworth

Wordsworth hätte noch hinzufügen können, dass die weibliche
Eibe, gefiedert und schwarz wie eine Krähe, mit ihren roten Beeren unter einem englischen Himmel exotisch wirkt.

19. SEPTEMBER: Die Esskastanienblätter hängen herab, im Braun-
ton und in der Form von Räucherheringen; Steinpilze wölben sich
unter Kiefern aus der Erde, auch ihre rundlichen Babys; Grauhörnchen schnattern und plappern in der Eiche.

Alle Bäume sind am Wendepunkt; die Erde riecht nach Mo-
schus.

Drüben im Hole Wood bellen die Damhirsche; die Brunftzeit
fängt an.

20. SEPTEMBER: Es ist heiß. Müde Eicheln knallen zu Boden.
Brombeeren sind jetzt die Hauptnahrung vieler Vögel und anderer Tiere. Eine Spitzmaus verharrt auf den Hinterbeinen, um mit
ihrer zuckenden Schnauze die Sommerluft zu erschnüffeln. Ihre
ständige Regsamkeit hat ihr den englischen Namen *shrew* eingebracht, der sich vom altenglischen *screawa*, »herumwirbeln«, ab-
leitet. Spitzmäuse sind einjährig, sie werden kaum mehr als zwölf
Monate alt.

Diese Spitzmaus mit ihrem stumpfen Fell steht im Winter ihres Lebens. Ihre Jungen werden ihre Blutlinie fortsetzen.

21. SEPTEMBER: Über den Zaunübertritt steige ich in den Wald,
und als ich bei den Buchen ankomme, habe ich eine Halluzination –

ein Trupp Violetter Ritterlinge ist aufgetaucht. Auf Englisch heißen sie *blewit*, eine Verballhornung von »*blue hat*«, und tatsächlich hat dieser Pilz einen großen blauvioletten Hut, der allerdings im Alter braun wird.

Vor langer Zeit wurden diese Pilze genutzt, um blaue Farbe für die Textilindustrie herzustellen.

Dieser begehrenswerteste aller Speisepilze verströmt einen köstlichen Orangenduft. Ich schiebe ein Dutzend in meine Jackentasche.

22. SEPTEMBER: Amseln sitzen auf den Holunderbeeren wie Ungeziefer, was bedeutet, dass die Früchte reif sind, perfekt reif. Mit ihrem schwarzen Glanz sehen die Beeren des Holunders aus wie Myriaden von Mäuseaugen.

Ich nehme ein Dutzend Plastiktüten mit in den Wald und packe sie mit Beeren voll, wobei ich die unteren Bereiche aberntete und die oberen den Vögeln lasse, vor allem der nach Holunderbeeren süchtigen Familie Drossel.

Die Beeren sind voller Vitamin A (600 IE pro 100 mg), Vitamin C (36 mg pro 100 mg) und Antioxidantien. Insofern lohnt es, sie für ein Sirup-Tonikum zu pflücken, das einen durch einen schnüffelnden Winter bringt (Rezept: 600 ml Wasser, 225 g Honig und 25 Holunderdolden zusammen kochen lassen, dabei ständig umrühren; über Nacht ziehen lassen, dann in Flaschen abfüllen und innerhalb von drei Monaten aufbrauchen), oder für Likör oder für einen üppigen Wein, der Portwein ähnelt.

John Evelyn verkündete, ein Extrakt aus den Beeren sei ein »Allheilmittel gegen sämtliche Gebrechen jedweder Art«. Der Tagebuchautor lag schon vor vierhundert Jahren richtig: Aktuelle Studien haben gezeigt, dass die Beeren gegen elf Stämme von Grippeviren wirken und die Produktion von Zytokinen anregen. Zytokine sind

Botenstoffe des Immunsystems, durch die unser Organismus besser auf Infektionen reagiert. Außerdem enthalten Holunderbeeren mehr Antioxidantien als die meisten anderen kleinen Beeren; ein Anthozyan des Holunders erwies sich im Labor als wirksamer Wachstumshemmer für menschliche Tumorzellen.

Noch einmal, mit Nachdruck: In der Gesundheit der Wälder liegt unsere eigene Gesundheit.

Früher wurde der Holunder, die »Traube der Engländer«, kommerziell in Holunderhainen angebaut. Die Beeren sind so vielseitig, dass sie auch einen köstlichen Ketchup ergeben, wenn man sie in gleichen Teilen Cider und Weinessig köchelt (gerade so viel, dass die Früchte im Topf bedeckt sind), zusammen mit Thymian, einem Lorbeerblatt, Fenchel und Knoblauchsalz. Ein paar Pfefferkörner kann man in die Flasche geben.

23. SEPTEMBER: Am Waldrand, wo der Wind sich seine Auswege sucht, rauscht seine Musik in Basstönen durch die Bäume und wispert leise durchs Gras; gleichzeitig zupft er die Lianen des Geißblatts wie Saiten.

24. SEPTEMBER: Sonnig, aber windig; Kohlweißlinge; eine einsame Stablibelle; in den Baumwipfeln das Klappern der Buntspechte wie zwei Holzbretter, die flach gegeneinanderschlagen. Sie beanspruchen ihre Winterreviere.

25. SEPTEMBER: Regen, dann Sonne – das Muster unserer Tage. Einige Mehlschwalben harren noch aus.

28. SEPTEMBER: Tauben sitzen in den Eichen, den Eschen und den Lärchenwipfeln; sie mögen kurze Wege in die Freiheit des Himmels.

30. SEPTEMBER: Ich kann nicht schlafen, deshalb fahre ich nach Cockshutt und mache einen Waldspaziergang. Die Schweine sind auch unruhig. Unter einem flüchtigen Mond und wilden, rauchigen Wolken sehe ich drei Igel, die über die angestrahlte Lichtung trotten, nach Nacktschnecken und Würmern schnüffelnd. Sie fressen sich Reserven für den Winter an.

OKTOBER

Die Früchte des Herbstes

Drei fallende Weidenblätter pro Sekunde – die Farbe der Hagebutten – Efeublüten und Wespen – ein Spinnennetz – das Sammeln von Wildäpfeln für die Schweine – Elsbeeren – Herbstblätter: der Moment, in dem der Farbwechsel eskaliert – die Sprache des Regens – blökende Damhirsche – die Fichten beklagen ihre Nadeln – Warum verlieren Bäume ihre Blätter? – ein Fuchsrüde bellt – der Sturm

1. OKTOBER, genau 16.41 Uhr: Die Sonne versilbert die Salweide, deren Blätter in einer Frequenz von drei Stück pro Sekunde abfallen. Nicht zur Jahreszeit passender später Vogelgesang bricht los. Die schon halb entblätterten Baumkronen absorbieren weniger Klang, und so schwirren die Noten im gesamten Gewölbe des Waldes herum.

3. OKTOBER: Die Hagebutten verfärben sich weihnachtlich orange; die Weißdornbeeren sind schon rot, allerdings ist es wie BB schrieb, »kein Scharlachrot, sondern ein üppiges purpurfarbenes Karminrot, wie man es bei altem Brokat und Samt sieht«.

Der Haselstrauch: der Erste, dessen Knospen aufgehen, und der Erste, der in Flammen aufgeht.

4. OKTOBER: Mhmm. Der seifige Duft von Efeublüten. Wie soll man ihr Aussehen beschreiben? Ein 3-D-Modell eines Moleküls, aber einheitlich in sanftem Salbeigrün gefärbt. Die Wespen hängen in Horden darauf, besitzergreifend, vom Morgen bis in die Nacht.

Die Schatten stehlen sich heran; der Wind bläst ein Klagelied durch den Fichtenhain.

Ein Grauhörnchen, erschossen mit Kaliber .410, fällt mit dem dumpfen Plumpsen eines Boxhandschuhs zu Boden.

6. OKTOBER: Früh am Morgen leuchten die Brombeeren vor Spinnennetzen.

Spinnen gehören zu einer Klasse von Tieren, die den wissenschaftlichen Namen *Arachnida* trägt, benannt nach Arachne, einer Frau aus der griechischen Mythologie, die Athene zu einem Wettstreit im Weben herausforderte und zur Strafe für ihre Anmaßung in eine Spinne verwandelt wurde. Diese Lebewesen teilen mit den Menschen und bestimmten Arten von Köcherfliegen die Fähigkeit zum Fallenstellen. Ein Spinnennetz ist aus Seide gewebt, die in Spinndrüsen am Hinterleib produziert wird. Die Seidenfäden sind ein Zweitausendstel Millimeter dick; relativ zu ihrer Dicke sind sie stärker als Stahl.

Ich sitze mit der Schrotflinte am Fuß der Hohen Eiche und warte auf Grauhörnchen. Um die Vögel zu retten, müssen noch zwei oder drei Grauhörnchen sterben.

In der Brombeere neben mir beginnt eine Spinne mit ihrem Netz; sie braucht zweiundfünfzig Minuten, bis sie ihr Zauberwerk gewebt hat.

8. OKTOBER: Eine Überraschung – unter einer Esche am Rand der Schlucht finde ich einen neuen Kaninchenbau. Überall liegt

frische Erde verstreut, ganz feine Erde, ohne Klumpen, reinster Kulturboden.

Ich sammle Wildäpfel für die Schweine und Tannenzapfen als Feueranzünder. Die Abendluft leuchtet fuchsrot.

10. OKTOBER: Die Böcke runzeln ihre Stirnen, bis sie aussehen wie Dörrpflaumen. In den Bäumen sinken die Säfte; bei den Tieren des Waldes steigt der Testosteronpegel.

12. OKTOBER: Zu meiner Enttäuschung, aber nicht Überraschung, tragen die Elsbeeren keine Früchte. Ich vermute, sie sind noch zu jung.

Als ich noch ein Kind war und mit meiner Großmutter durchs Dorf spazierte, machten wir einmal einen Besuch im Cottage von Mrs. Cole. In dem Wäldchen hinter ihrem Haus wuchs ein Elsbeerbaum, und sie fragte meine Großmutter und mich, ob wir die Früchte probieren wollten.

Dann holte sie eine Holzkiste aus ihrem Keller, in der sie die Früchte zum Nachreifen gelagert hatte, bis sie fast faulig waren. Ich aß meine – eine winzige braune Birne – zerdrückt auf Vanilleeis, und sie schmeckte gefährlich nach Sherry für Erwachsene.

Bei uns nennt man die Elsbeere auch *lizzory* oder *chequer*; der Landwohnsitz des britischen Premierministers, Chequers, ist nach dem Elsbeerbaum benannt, der dort steht.

14. OKTOBER: Unter einem sonnigen, zyanblauen Himmel steht Cockshutt in Flammen.

16. OKTOBER: Der Farbwechsel eskaliert – zum Schlechteren; die meisten Bäume haben ihre leuchtenden Farben zugunsten eines schlammigen Brauns verloren, gemischt mit den Wasserfarben

eines unbeaufsichtigten Kleinkinds. Albert Camus schrieb: »Der Herbst ist ein zweiter Frühling, in dem alle Blätter wie Blüten sind.« Nicht hier, nicht jetzt.

Und der Himmel ist schiefergrau. Die sanfte Fruchtbarkeit, die milchweißen Nebel, die feuerroten Bäume der Dichter kann man vergessen. An der walisischen Grenze regnet es jetzt noch fünfundzwanzig Millimeter mehr als im September.

Ich betrachte die Weidenblätter, die auf den Teich fallen. Jede Schneeflocke ist einzigartig. Auch der Sinkflug jedes Blattes ist einzigartig, sein Todestanz. Wir sollten dabei sein und ihre letzte ruhmreiche Pracht sehen.

Als ich über die untere Koppel platsche, hängt jene Art von Feuchtigkeit in der Luft, die das Haar kraus werden lässt und sich über das Fell der Schafe legt, bis es diamanten glitzert. Hammel, als Prinzessinnen verkleidet.

Ich hebe mein Gesicht zum bedeckten Himmel, um die Sprache des Regens zu lesen. Es fisselt – ein meteorologisches Anzeichen dafür, dass Nieselregen, und Schlimmeres, folgen werden.

Ich habe Bluebell, den schwarzen Labrador meiner Frau, dabei.

Seltsamerweise ergibt ein Hund, der aufs Apportieren abgerichtet ist, einen nützlichen Hütehund (man kann ihn losschicken, um Fluchtwege zu blockieren), und ich treibe die hundertzwanzig Schafe problemlos in die Pferche unter den Erlen, deren Blätter sich immer noch ans Leben klammern. Wie die Eiche treibt die Erle spät aus und verliert spät ihre Blätter.

Im Oktober ist unten auf dem Bauernhof alles im Wandel. Der Wind hat die letzten versprengten Schwalben weggeblasen, und genau dieser Wind aus dem Norden hat auf seinem Rücken die ersten Rotdrosseln herbeigetragen. So hat er die Szenerie mit frischen Vögeln aufgefüllt.

Auch einige unserer Schafe haben einen Ortswechsel vor sich. Oktober ist traditionell ein Monat der Schafmärkte, deshalb verbringe ich den Vormittag mit dem Sichten und Sortieren von Schafen und Lämmern.

Ein Schäfchen für den Markt in Tenbury Wells, ein Schäfchen für zu Hause. In der Schafzucht wird praktisch das ganze Geld in den Monaten September und Oktober verdient.

Um elf fällt discoglänzender Nieselregen; um zwölf regnet es richtig. Die Blätter der Erlen bieten überhaupt keinen Schutz, aber zumindest imprägniert das Lanolin aus dem Fell der Schafe die Vorderseite meiner Wachsjacke.

Selbst der Regen kann die Leidenschaft der fünf Böcke nicht abkühlen, die ihre Stunden in Gefangenschaft mit dem Versuch verbringen, über die verzinkten Gatter zu klettern, um an die Schafe heranzukommen. Die Mutterschafe sind brünstig; das nachlassende Licht wirkt als Signal auf ihre Hormone. Unter dem niedrigen Blätterdach der Erlen wabert der fette Moschusgeruch der erregten Böcke, erstickend wie ein stinkendes Kopfkissen. Drüben in der Schlucht blökt ein Damhirsch, der wilde Cousin der Schafe, seinen Anmachruf. Selbst der von den Erlen herabtropfende Regen schafft es nicht, sein unaufhörliches Aufziehspielzeug-Krächzen zu übertönen.

Ich bin fast fertig mit der sogenannten Schwanzschur (dabei wird mit der Handschere die Wolle um das Hinterteil der Schafe abgeschnitten, in der sich Maden bilden können, wenn Fäkalien darin hängen bleiben – auf einem Bauernhof geht es eben immer glamourös zu), als Bluebell, die in den herbstmüden Brennnesseln herumstöbert, den Igel entdeckt. Madame Mecki bleibt bei der Begegnung unverletzt; ihr unverkennbarer Stachelmantel bietet wirkungsvollen Schutz vor der weichen Schnauze eines Labradors und seinem noch weicheren Hirn.

Nach etwa fünfzehn Minuten entrollt sich Madame Mecki. Sie beschließt, das Risiko der taghellen Öffentlichkeit auf sich zu nehmen, und pflügt durch das klatschnasse Gras hinauf bis zu der alten Ziegelsteinscheune, vor der die Nacktschnecken über das Fallobst eines einzelnen Apfelbaums herfallen. Sie gestattet mir das zweifelhafte Privileg, in der Nähe stehen zu bleiben. Ihre Tischmanieren sind furchtbar: Wenn sie sich eine der orange umrandeten Schnecken ausgesucht hat, beißt sie hinein, rollt sie herum und schlingt sie zuletzt hinunter. Faszinierend, aber auch verstörend. Die Natur kann sehr un-niedlich sein.

Die Igelin, schon zuvor fett wie eine Tonne und bereit zum Winterschlaf, ist nach der Nacktschneckenmahlzeit sogar noch besser vorbereitet. Sie watschelt davon, auf den Wald zu. Wenn man darüber nachdenkt, ist der Winterschlaf natürlich auch eine Art Wanderung. Madame Mecki verschwindet ins Land des Schlummers.

Ein Turmfalke fliegt auf und setzt sich auf den Telegrafendraht, neben eine Bachstelze. Der junge Fuchs liegt unter den Brombeeren; er schießt heraus, packt ein Kaninchen. Überraschung und Schnelligkeit. Ein Fuchs kann Geschwindigkeiten von über sechzig Stundenkilometern erreichen.

Für einen Waldfuchs ist das Leben nie besser als jetzt. Die Kaninchenpopulation ist auf ihrem jährlichen Höhepunkt. Zurzeit gibt es in Cockshutt ungefähr sechzig Kaninchen.

Herbst (Auszug)

Den alten Herbst sah ich am neblig Morgen,
Wie Stille schattenlos lauscht' er dem Klang

Der Stille, denn kein einsam Vogel sang
Ihm in sein Ohr, aus Wäldern tief verborgen,
Aus dürftger Hecke oder fernem Dorn; –
Er schüttelt Locken voll betauter Pracht
Aus Spinnwebknäueln, gefallen in der Nacht,
Wie Perlen am Diadem aus gold'nem Korn.

Thomas Hood

17. OKTOBER: Jean Sibelius behauptete, die Bäume würden zu ihm sprechen. Als ich neben den Fichten im Wind stehe, glaube ich ihm. Sie klagen über ihre Nadeln, die den Wind einfangen, und flüstern neidisch über die täglich kahler werdenden Laubbäume, die weniger anfällig sind für sein Wehen.

Warum verlieren Bäume ihre Blätter? Laubbäume bekommen im Winter so wenig Licht, dass sich für sie der Energieaufwand nicht lohnt, bis zum Frühling belaubt zu bleiben. Und wie jeder Segler weiß: Man refft die Segel, wenn der Wind auffrischt. Bei Bäumen sinken die Säfte, und das Chlorophyll in den Blättern zersetzt sich, sodass vorher versteckte gelbe und orangefarbene Pigmente sichtbar werden.

Geflügelte Ahornsamen helikoptern sich von ihren Eltern weg.

18. OKTOBER, vier Uhr nachmittags: Die Luft ist klar und trocken; das Lied des Rotkehlchens klingt wie Glockenschläge, perfekte Töne, Klarheit in der Kälte.

Ich vermesse ein Spinnennetz – es ist fünfundvierzig Zentimeter breit.

Tauben fliegen von Wäldchen zu Wäldchen, landen auf den Eichen und bedecken sie wie Läuse. Ein Schwarm von wie vielen Vögeln –

vielleicht hundert? Der viktorianische Naturforscher W. H. Hudson beschreibt in seinem Buch *Nature in Downland* einen Ringeltaubenschwarm, der »nicht weniger als zwei- bis dreitausend Vögel zählen konnte«. Selbst unsere Schädlinge nehmen in der neuen Agrarlandschaft ab. Die Taubenflügel machen zusammen ein Geräusch wie Metallbleche, die geschüttelt werden.

Ein Fasanenweibchen schleicht sich fort, als es mich sieht, aber ich bin keine Bedrohung, ich verliere mich im Kirchenweihrauch des herbstlichen Waldes. Die dunklen Duftnoten des Herbstes – Erde, Holz, Fäulnis, Vergärung – genügen, um jeden ins Träumen zu bringen.

Der Duft der Zersetzung ist schön und tödlich. Das Jahr stirbt. Wer wollte im Oktober nicht in England sein?

19. OKTOBER: Eschen sterben blass und grünlich, wie kränkliche viktorianische Romanheldinnen. Ich vermute, dass mindestens die Hälfte der Eicheln schon gefallen ist (dieses Jahr ist die Ernte bescheiden), schrumpelig braun, aber an der Stelle gelb, wo sie in ihren Hütchen saßen. In guten Jahren ist die Eichelernte überreich, und sie werden von Säugetieren und Vögeln verbreitet – ein Grund für den Erfolg dieser Art. Eichelhäher verstecken Eicheln unter Weißdornbüschen, geschützt vor grasenden Tieren. Der Weißdorn ist die Mutter der Eiche, dem häufigsten Baum der britischen Wälder.

Um halb sieben Uhr morgens bellt ein Fuchsrüde in Cockshutt, und über meinem Kopf gleitet unsichtbar ein Waldkauz durchs Blätterdach wie eine unterschwellige Botschaft.

Sterne hängen als weiße Funken am Himmel. Auf meinem Stuhl sitzend, beobachte ich einen Igel mit schneckenfeuchter Nase, der genussvoll eine Nacktschnecke verspeist.

20. OKTOBER: Die rostrote Korrosionsfarbe in den Baumkronen sinkt jeden Tag tiefer, wie ein nach unten sickernder Fleck.

An den Weidenwedeln hängen noch ein paar Blätter wie Wimpel an der Lanze eines Kavalleristen, zerfetzt vom Krieg der Winde.

Drei Rotkehlchen singen um ihre Reviere; ein Kleiber hämmert ein Loch in eine Eichel, die er in einem Riss der Wünschelruteneiche festgeklemmt hat.

Ich meine, einen Eisvogel über dem Teich zu erkennen, eher an seinem Verhalten als an Farbe oder Form: Er fliegt von einem Ansitz am anderen Ufer los, schnappt etwas aus dem Wasser, kehrt auf seinen Ansitz zurück und zischt weg. Aber unter den Bäumen ist es dunkel, nicht wegen der Blätter, sondern weil sich Erlen, Weiden und Hasel drohend über das Wasser lehnen.

Auf meinem Stuhl sitzend, blicke ich nach links in die Fichten, einen kommerziellen Rotfichtenhain, nach rechts ins belaubte alte England. Ein Grauhörnchen ruft: »*Tschack-tschack-tschack-tschii*«. Es rennt über die hohen Äste, ein grauer Blitzstrahl.

Ein kleiner schwarzer Käfer wuselt herum. (Auf Angelsächsisch hieß er *bitela*, »bitter«, was sich auf den abstoßenden Geschmack dieses Insekts bezieht.) Ich beschließe, auf Käferjagd zu gehen.

21. OKTOBER: Die Sturmfront ist in der Nacht angekommen. Die Meteorologen haben ihr einen Mädchen-von-nebenan-Vornamen gegeben, Katie oder so etwas, aber in Wahrheit war sie die Böse Hexe. Als ich heute Morgen neben den nassen Buchen am unteren Ende von Cockshutt stehe, sieht die Szenerie aus wie ein riesenhaftes Mikado-Spiel. Der Waldboden ist ein Chaos aus zerbrochenen Ästen und umgestürzten Baumstämmen. Zu den Gefallenen gehört auch die Buche am Zaunübertritt, die ich jeden Tag im Vorbeigehen berühre.

Berührte. Vergangenheit.

Ich schaue hinauf in die schwindelerregende Lücke, die sie – ja, für mich war sie immer, die Kaiserin des Waldes – hinterlassen hat. Da ist nun ein Loch im Kronendach. Da ist nun ein Loch in meinem Tag.

23. OKTOBER: Schauer aus Blättern. Weil niemand in der Nähe ist, renne ich herum wie ein Kind und versuche, die Blätter im Flug aufzufangen. Das Gleiche tat ich in einfacheren Zeiten, als die Kinder noch klein waren.

24. OKTOBER: Ein kleiner Trupp Rotdrosseln kommt auf der Wiese neben dem Wald an. Ihre Rufe schlagen die Nägel in den Sarg des Sommers.

Nadelfeines Piepen des Wintergoldhähnchens ist in der Lärche zu hören.

In der Nacht sehe ich mit der Taschenlampe nach den Schweinen: Über mir ist die stetige Südwärtsbewegung der arktischen Drosseln zu hören. Die Zugvögel des Sommers kommen auf der Suche nach Fleisch, die Wintervögel kommen in erster Linie wegen der Beeren.

Endlich gehe ich auf meine erste Käferjagd in Cockshutt und lasse kein Stück Holz (sanft) ungewendet, keine Baumhöhle uninspiziert; innerhalb von zwanzig Minuten finde ich einen Veilchenblauen Wurzelhalsschnellkäfer (*Limoniscus violaceus*), einen schwarzen Schnellkäfer (*Ampedus nigrinus*), einen Feuerschmied (*Elater ferrugineus*), einen Kammkäfer (*Eucnemis capucina*) und einen Rüsselkäfer (*Dryophthorus corticalis*).

25. OKTOBER: Ungefähr ein Drittel der Blätter hat die Farbe gewechselt; es ist beinahe das Stadium erreicht, in dem ebenso viele

Blätter am Boden liegen wie an den Bäumen hängen. Unter den Holzapfelbäumen fühlt man sich, als stünde man in einem goldenen Tempel.

Das *Trippel-trappel* fallender Blätter, das *Piff-paff* fallender Eicheln.

Während ich auf meinem Stuhl sitze, durchfährt mich ein elektrischer Schlag – drei Fliegenpilze sind unter den Birken gewachsen. Ich drehe einen mit meinem Stiefel um: Die Unterseite ist verführerisch-luxuriös cremeweiß, die Oberseite verführerisch-luxuriös scharlachrot, so dick wie Zuckerguss. Alles an einem Fliegenpilz ruft: »Iss mich!«

Die Wikingerkrieger aßen tatsächlich kleine Mengen Fliegenpilz zur Vorbereitung auf die Schlacht. Diese Pilze enthalten eine Meskalinverbindung, die das Nervensystem ähnlich wie LSD beeinflusst. Wer ihr Fleisch zu sich nimmt, verliert Hemmungen und Angst, was die Nordmänner zu tapferen Taten anspornte – die aus Wahnvorstellungen geboren waren. Die Wikinger eroberten halb England, weil sie drogenkonsumierende Berserker waren.

26. OKTOBER: Die erste Wacholderdrossel; eine verwirrte Touristin, die sich umschaut.

Die Blätter der Elsbeeren flattern, flirren, flammen wie falsches Feuer.

Blätter liegen auf dem Teich: falsche Seerosen.

Überall im Cockshutt Wood erblassen die Eschen auf elegante Weise, während die Weißdornbüsche den Drosseln leuchtende Beeren anbieten.

Die letzten Tage waren so kühl, dass das Wasser nur langsam aus der Erde verdunstet, wenn überhaupt, und so folgt Dunst auf Nebel, Nebel auf Dunst.

Oh, die Melancholie des Herbstwaldes!

28. OKTOBER: Der Tag, an dem alles anders wurde – im Klammergriff des Winters: Haltung und Stimmung haben sich geändert, bei Tieren wie bei Bäumen und anderen Pflanzen. Wenn ich im Haus bin und aus dem Fenster schaue, wird mir kalt.

Auf der Landstraße ertönt das *Klipp-klapp* samstäglicher Pferde.

Ungefähr die Hälfte der Blätter von Cockshutt ist jetzt unten, gegenüber einem Drittel vor drei Tagen.

Aber jetzt ist es kalt, und Kälte lockert die Blätter und bricht sie ab. Am Stiel jedes Blattes bildet sich eine Schicht aus Trenngewebe, das seine Verbindung zu dem Zweig, an dem er im Frühjahr gewachsen ist, lockert und zuletzt löst. Gefallenes Laub ist die Vorstufe für den Humus der Zukunft.

Zurück zum Sammeln von Feuerholz. Dazu, wie Menschen auf den Beginn der Kälte reagieren. Seit ich dieses Tagebuch begonnen habe, hat das Jahr der Natur beinahe einen vollen Kreislauf hinter sich gebracht.

29. OKTOBER: Der Nachthimmel ist bedeckt. Unter dem Blätterdach herrscht absolute Schwärze.

In einer solchen Nacht, wenn die Augen nicht ausreichen, ortet Old Brown seine Beute, indem er ihren Bewegungen lauscht. Das Gehör aller Eulen ist fabelhaft.

Ihre Ohren sind asymmetrisch am Kopf angebracht; das eine sitzt bis zu fünfzehn Grad weiter oben als das andere und ist manchmal größer. Diese asymmetrische Position bewirkt, dass beide Ohren Geräusche in leicht unterschiedlichen Lautstärken und Winkeln wahrnehmen, wodurch die Eule deren Ausgangspunkt genau orten kann. Außerdem liegt vor der Gehöröffnung eine Hautfalte, die der Vogel bewegen kann, um Töne einzufangen, genau wie alte Herren die Hand an ihr Ohr legen. Tatsächlich wirkt das gesamte flache Gesicht der Eule wie ein Verstärker.

Die Nacht ist kein Freund der Beutetiere, wenn eine Eule in der Nähe ist. Der Wald schläft in aller Stille (für meine Ohren). Old Brown allerdings kann jedes Blatt hören, das sich dreht ... und das Huschen eines Kaninchens auf dem Gras der Lichtung.

Das Kreischen ertönt nur wenige Meter entfernt, ein Kreischen, das die Nacht in Schrecken versetzt. Ich bleibe stehen – stocksteif wie beim »Hans-guck-um«-Spielen – und halte den Atem an; alle kleinen Tiere des Waldes tun es mir gleich.

Es ist ein unverkennbares, hohes Wimmern, das wir Waldbewohner gut kennen.

Der Herr der Nacht hat ein Kaninchen getötet.

30. OKTOBER: Die Fledermäuse haben den Dachboden verlassen und leben stattdessen in der toten Esche in der Schlucht, die sich schält, sodass ihr Inneres offenliegt. Einmal bin ich in einem Gilbert-White-haften Geist der Naturbeobachtung auf den Baum geklettert und habe eine Taschenlampe in den Hohlraum gesteckt, in dem die Kolonie im Winterschlaf hing. Ich hatte erwartet, die Fledermäuse bewegungslos vorzufinden; stattdessen schoben sie sich in Massen übereinander und hoben die Köpfe wie eine Art lebende Wand mit hundert Gesichtern. Es war faszinierend, aber auch verstörend.

Ich nehme Rupert, den Border Terrier, mit auf einen Waldspaziergang.

Der Herbstglanz ist von einem kalten Blau getönt, das alle Wolken vom Himmel verjagt hat; wir vergnügen uns damit, durch das Laub zu schlurfen.

Der Stoffwechsel der Kröte schwindet dahin.

Eschenblätter fallen nicht einzeln, sondern in Sechser- bis Achtergruppen. Wildapfelblätter fallen in einem Schauer goldener Münzen – der Geldbaum. Esskastanien liegen in Hosentaschenportionen am Boden.

Edelkastanien stammen aus Kleinasien und wurden von den alten Griechen in Südeuropa eingeführt; die Römer brachten sie über den Ärmelkanal. Obwohl dieser Baum inzwischen in Großbritannien heimisch ist, sind die zwei oder drei Kastanien in der stacheligen britischen Hülle kleiner als ihre kontinentaleuropäischen Pendants. Die Esskastanie ist trotz ihres Namens nicht verwandt mit der ungenießbaren Rosskastanie. Wegen ihrer Massen von Stacheln nennen die Leute bei uns auf dem Land sie auch *hedgehog*, »Igel«.

Esskastanien kann man roh essen, aber das ist Verschwendung. Roh sind sie hart und unscheinbar; gekocht schmecken sie herrlich.

Mehr als ein Drittel der Esskastanie besteht aus Kohlenhydraten, und so dient sie in manchen Regionen Südeuropas als stärkehaltiges Grundnahrungsmittel. Die Italiener kochen die Kerne als Gemüse und zermahlen sie – neben hundert anderen Verwendungen – zu Mehl für Polenta, Brot und Kuchen. Um Mehl herzustellen, werden die Kastanien erst geröstet, dann gemahlen: Das so entstandene Mehl ist süß und gelblich, geht aber nicht gut auf. Die Franzosen haben die Esskastanie natürlich kandiert, zu *marrons glacés*. In Großbritannien gilt die Marone eher als etwas Herzhaftes, geeignet für Füllungen und Kastaniensuppe, den Klassiker der Landhausküche zu Beginn des 20. Jahrhunderts. Und natürlich hat das Rösten von Kastanien über dem offenen Feuer etwas so Weihnachtliches wie ein »*Good King Wenceslas*« singender Kirchenchor, Jagdgesellschaften zu Pferd und die Ansprache der Königin. Wenn Sie keinen offenen Kamin haben, tut es auch ein Backofen. Einfach auf einem Backblech auslegen und bei 200 °C rösten. Aber egal, ob Sie sie über dem Feuer oder im Ofen rösten (oder kochen) – Kastanien müssen kreuzförmig eingeritzt werden, bevor man sie der Hitze aussetzt, sonst explodieren sie auf spektakuläre Weise in einer Wolke aus Kastaniensplittern. Wenn man sie kocht, lässt sich die bittere innere Haut leicht abschälen.

Im Süden ist das Sammeln dieser Nüsse eine große Sache. Die Wälder werden zum Pilgerziel, nicht unbedingt für die Landleute, die diesen Früchten der Erde vor ihrer Hintertür erstaunliche Missachtung entgegenbringen, sondern eher für die Städter. Sie kommen heraus, mit dem Bus, dem Auto und dem Fahrrad, vor allem Männer, sehr ernst, und vor allem am Sonntagmorgen. Das ist ein jährliches Ritual. Sie fallen wie menschliche Eichhörnchen über die Wälder her, verbringen Stunden unter dem bereits von Regen und Frost stark ausgedünnten Blätterdach, suchen kniend oder gebückt oder gar sitzend in der Schicht aus Laub und Schalen herum und füllen Dosen und Säcke mit seidenglatten Kastanien, bis sie zuletzt unter der Last ihrer dickbäuchigen Säcke herausstolpern, immer noch sehr ernsthaft, aber auch irgendwie befriedigt dreinblickend.

John Stewart Collis

Kastanienpüree

Nach dem Rezept aus Elizabeth Craigs Buch *Cookery Illustrated and Household Management* von 1936.
900 g Esskastanien
50 g Butter
Gemüsebrühe
75 ml Milch

Salz und Pfeffer

Zucker

Die Kastanien einschneiden und im Backofen bei 200 °C
20 Minuten lang rösten. Die äußeren und inneren Schalen
entfernen und die Kastanien mit der Hälfte der Butter in
einen Kochtopf geben; Brühe zugießen, bis sie gerade bedeckt sind. Mit Backpapier abdecken, den Deckel aufsetzen
und für etwa 45 Minuten köcheln lassen, bis die Kastanien
weich sind. Sie sollten dabei die gesamte Flüssigkeit
aufsaugen.

Die gekochten Kastanien durch ein feines Sieb streichen.
Das so entstandene Püree gründlich mit der restlichen
Butter und Milch vermischen. (Vielleicht brauchen Sie
nicht die ganze Milch, je nachdem, wie viel Brühe die
Kastanien aufgenommen haben.) Mit Pfeffer, sehr wenig
Salz und einer Prise feinem Zucker würzen. Wieder
aufwärmen und zu Hirschfilet servieren.

Oder – ohne den Pfeffer – in Crêpes füllen oder auf
Vanilleeis häufen.

Kastaniensuppe

Meine liebste Art, Esskastanien zu verwenden.

Für vier Personen

675 g Esskastanien

1 Zwiebel, fein gehackt

1 Karotte, fein gehackt

30 g Butter

1 Zweig Rosmarin

Hühner- oder Wildbrühe

150 ml Schlagsahne
Petersilie, fein gehackt

Die Unterseiten der Kastanien kreuzweise einschneiden, in einem Topf mit heißem Wasser bedecken und 2–3 Minuten lang kochen lassen. Vom Herd nehmen, abkühlen lassen, schälen, die papierdünne innere Haut abschaben und die Kastanien beiseitestellen.
Zwiebeln und Karotten in der Butter anschwitzen, bis sie zart sind. Kastanien und Rosmarin zugeben und bei niedriger bis mittlerer Temperatur 5 Minuten weiterdünsten. Die Brühe zugießen und für 20–30 Minuten köcheln lassen. Die Suppe pürieren, durch ein Sieb in einen zweiten Topf streichen und die Sahne zugeben. Nicht ganz bis zum Kochen erhitzen und abschmecken. Mit gehackter Petersilie bestreut servieren.

31. OKTOBER: Die Uhren drehen sich rückwärts: Nächste Woche um sechs Uhr abends wird die Erdumdrehung eine Stunde weiter fortgeschritten sein als letzte Woche um sechs Uhr abends. Die Autos auf dem Heimweg werden mit eingeschaltetem Licht über die Landstraße fahren, an Landhäuschen vorbei, die von Fernsehern erhellt werden. Das Jahr hat sich gedreht, das lässt sich nicht leugnen.

Und die Bäume von Cockshutt wissen es.

In dieser Endzeit ernte ich meine Gedanken. Es liegt in der Natur der Eiche, ruhig zu sein; es liegt in der Natur des Turmfalken, mit dem Wind zu wandern.

Ein Blatt fällt so langsam, als würde es an einem Faden herabgelassen. Ein Nachtfalter auf einem Ast hat die Flügel halb geöffnet, sie sehen aus wie ein kleiner beigefarbener Mantel um seine Schultern.

Die Tiere haben die Haselnüsse geplündert, ihre Reste und Ruinen sind überall auf dem Waldboden verstreut. Am bewundernswertesten finde ich die Nüsse, die immer wieder gedreht wurden, während eine Maus ein Loch hineinnagte.

Massen von Weißdornbeeren leuchten in der Sonne; große braune Zapfen fallen von den Fichten; smaragdgrüne und rubinrote Beeren der Zaunrübe hängen schwer an Ranken, deren Blätter schon verdorrt sind.

Eulen: Ein Epitaph

Was ist das? … Gar nichts.
Die Blätter müssen raschelnd fallen;
Das ist es:
Tot sind sie,
Wenn sie fallen,
Tot an dem Fuße des Baums;
Was gesagt werden kann, ist gesagt.
Was ist es? … Gar nichts.

Was ist das? … Gar nichts.
Ein Wildes, verletzt, es klagt in der Nacht,
Und es schreit
Voller Furcht,
Bis es liegt
Tot am Fuße des Baums;
Was gesagt werden kann, ist gesagt.
Was ist es? … Gar nichts.

Was ist das? … Ah!
Langsamer Marsch verstohlener Füße,

Das ist es:
Doch eine Bahre, vom
Sargtuch bedeckt,
Ist nun am Fuße des Baums.
Was gesagt werden konnte, ist gesagt.
Ist es … was? Gar nichts.

Edward Elgar, 1907

NOVEMBER

Abschied vom Wald

Goldgelber Zitterling – ein Eulengewölle – die Tiere im Rennen gegen die Zeit – Wildäpfel – Eichelkaffee – Waldschnepfen – Richard Jefferies über die Technik, sich anzuschleichen wie ein Wilderer – Eicheln pflanzen – mein Vater – Wacholderdrosseln – mein letzter Waldspaziergang

2. NOVEMBER, drei Uhr nachmittags: Es ist erfrischend kühl, aber im Westen hängt eine blendende Suchscheinwerfer-Sonne. Ein Hauch Dunst von meinem Atem; die Böcke keuchen buchstäblich.

Die Gerüche des Herbstes: nasser Karton, aber mit fruchtigen Untertönen von Kiwi.

Buchenblätter liegen am Boden wie Kupferpennys – noch ein Geldbaum. Eichenblätter verkleben unter meinen Füßen zu braunen Pfannkuchen, aber mit Tabakduft (und einem sofortigen Proust-Phänomen der Erinnerung an meinen Pfeife rauchenden Vater, der im Zweiten Weltkrieg bei der Royal Navy war).

Die Holunderblätter sind welk und feucht wie ein schlaffer Handschlag.

An einem Haselstumpf wachsen Goldgelbe Zitterlinge (der Name dieser Pilze ist gleichzeitig ihre Beschreibung), und die Krähen tragen im Lärchenwipfel ihre Witwenkluft.

Die Wildkirsche verliert als erster Baum sämtliche Blätter. An ihrem Fuß liegt ein Eulengewölle, ein verfilztes Kuriositätenkabinett aus Skeletten und anderen Seltsamkeiten. Vorsichtig, mithilfe von zwei Stöcken, ziehe ich das Gewölle mit seinen magensaftgebleichten Knochen auseinander. Waldkäuze ernähren sich vor allem von Erdmäusen, Rötelmäusen, Waldmäusen, großen Käfern, Vögeln und Maulwürfen. (Mit einem Körpergewicht von über 430 Gramm sind erwachsene Waldkauzweibchen groß genug, um junge Kaninchen zu fangen.) Gewölle sind Überraschungspakete. In diesem finde ich den Schädel eines Molchs. Macbeths Hexen wären begeistert gewesen.

5. NOVEMBER: Eulenlicht. Am südlichen Horizont ist der May Hill bereits versunken. Die sichtbare Welt schrumpft auf unsere Wiesen und Waldstücke zusammen. Und, meine Güte, es ist eiskalt; ich hänge wie ein verkrüppelter Buckliger über dem Steuerrad des Traktors, als ich an der Schweinekoppel entlangfahre. Der Ferguson hat keine Kabine, aber er war gerade verfügbar und fahrtüchtig, im Gegensatz zum Landrover; hinten ist eine Transportbox angebracht, darauf ein Sack Sauenfutter und ein Labrador, der versucht, im Stehen die Balance zu halten. Das Metall der Box ist so eiskalt, dass man daran festklebt, zu kalt zum Sitzen.

Das Turmfalkenweibchen, von hinten erhellt durch den hohen Halbmond, patrouilliert auf der letzten Jagd des Tages über dem stoppeligen Maisfeld. Etwas weckt ihre Aufmerksamkeit; sie verharrt, stürzt hinab und flattert triumphierend davon.

Zugvögel bringen Veränderungen, aber der Turmfalke ist ein Urbild der Unveränderlichkeit, eine Erinnerung an all das, was auf dem Land von Dauer ist.

6. NOVEMBER: Ich erkunde die gekappten Stechpalmenbäume mit ihren glatten, eleganten Blättern. Sehr druidig; ein dunkler Ort

in einem hellen Wald. Vögel und andere Tiere liefern sich ein Wettrennen gegen die Zeit: Sie kämpfen um die Beeren an Stechpalmen und Weißdorn, um die Hagebutten an den Wildrosen, die Brombeeren, die Eicheln, die Bucheckern.

7. NOVEMBER: 4.50 Uhr morgens, ein kalter klarer Himmel, im Westen oberhalb von Garway ein eisiger Stern.

Ich gehe »falsch herum« am oberen Teil von Cockshutt entlang und quetsche mich durch die Dornen, Hasel, Ranken am östlichen Waldrand in Richtung der Füchse; ich sehe den Wald ganz neu und bemerke eine Kaninchenspur, die diagonal aus einem neuen Bau herausführt.

Drei Düsenjäger am Himmel, flammende rote Pfeile.

Auf dem Teich taucht ein Teichhuhn mit der professionellen Schnelligkeit eines U-Boots unter Wasser.

10. NOVEMBER: Von irgendwo weiter vorne ruft Old Brown sein *Ku-wick*. Ich habe eine Uhr, aber jetzt brauche ich sie nicht. Er hat den Anbruch der Nacht pünktlich verkündet.

Bäume klammern sich an den Himmel, um Luft zu holen.

12. NOVEMBER: So gern ich die Schweine auch mag – es wäre doch ein bisschen zu großzügig, ihnen sämtliche heruntergefallenen Wildäpfel zu geben, deshalb nehme ich eine Tragetasche voll mit nach Hause.

Scarb, Gribble, Scrogg. Höltje, Piterk, Rüstling. Was wie die Namen von Kobolden klingt, sind in Wirklichkeit englische und deutsche Bezeichnungen für den Wildapfel.

Sein Holz, das extrem hart ist, wurde früher für Schnitzereien verwendet.

Malus sylvestris ist eine einheimische Pflanze Europas, der Urahn unseres Kulturapfels.

Dieser Wild- oder Holzapfel unterscheidet sich von kultivierten oder verwilderten Apfelbäumen durch seine dornigen Zweige, die kleinen Früchte (etwa zwei Zentimeter) und die haarlosen Blätter und Blütenstiele.

Seine Volksnamen dienen all jenen als Warnung, die arglos in diese Wildfrüchte beißen: Sie sind beißend sauer. In manchen Gegenden Englands nennt man Cider aus Wildäpfeln *pig-squeal cider*, »Schweinequiek-Cider«, weil jeder unwillkürlich quiekt wie ein Ferkel, sobald er das Gebräu probiert. Das englische Wort *crabby*, »übellaunig«, ist von diesen sauren Früchten abgeleitet. Im Mittelalter machte man aus Wildäpfeln eine Soße namens Verjuice und verwendete sie wie moderne Köche Zitronensaft.

Sie werden Ihre Wildäpfel beim Kochen süßen müssen. Wildapfelgelee ist der bekannteste Weg, die Früchte zu verarbeiten, nicht zuletzt, weil sie reich an Pektin sind und gut gelieren. Aber man kann noch viele andere Sachen daraus machen. Als Julius Cäsar im Jahr 55 vor Christus in Großbritannien einmarschierte, entdeckte er, dass die keltischen Ureinwohner den Saft von *Malus sylvestris* vergären ließen. Die Römer tauften das Getränk *sicera*. Cider.

Wildapfelgelee

Ideal auf Toast zum Frühstück, ideal als Beigabe zu Braten.
Das Rezept ergibt etwa 2–4 kg Gelee.
etwa 4 kg Wildäpfel
etwa 2 kg Streuzucker
1 Zitrone

Die Wildäpfel waschen und vierteln; die Kerngehäuse nicht entfernen, weil sie massenhaft Pektin enthalten, das nötig ist, damit das Gelee stockt. In einen großen, schweren Topf oder Kessel geben und mit so viel Wasser übergießen, dass sie gerade bedeckt sind. Zum Kochen bringen und köcheln lassen, bis die Äpfel matschig und weich sind (etwa 25 bis 30 Minuten).

Dann die Fruchtmasse in einen Mullbeutel – oder eine doppelte Lage Mulltücher – gießen und über Nacht in einen Topf abtropfen lassen. Ideal ist es, die Ecken der Tücher an die Beine eines umgedrehten Hockers zu knoten und eine Schüssel darunterzustellen, die den Apfelsaft auffängt. Wenn Sie versuchen, den Prozess zu beschleunigen, indem Sie auf den Beutel drücken, wird das Gelee wolkig; wenn Ihnen die Ästhetik egal ist, können Sie ihn bis auf den letzten Tropfen ausquetschen.

Am nächsten Morgen den Apfelsaft abmessen und Zucker zugeben, im Verhältnis von 500 g Zucker pro Liter Saft. In einen Topf kippen, den Zitronensaft zugeben und zum Kochen bringen, dabei mit einem Holzlöffel umrühren, um den Zucker aufzulösen. Aufsteigenden Schaum von der Oberfläche abschöpfen. Wenn das Gelee 10 Minuten lang kräftig gekocht hat, mit einem Zuckerthermometer prüfen, ob der Gelierpunkt erreicht ist: Er liegt bei 105 °C. Oder einen gekühlten Teelöffel bereithalten und eine kleine Menge Gelee auf den Löffelrücken geben: Wenn es fest wird, ist das Gelee fertig. Wenn es flüssig bleibt, noch etwas kochen lassen und den Test wiederholen.

Wenn der Gelierpunkt erreicht ist, den Topf vom Herd nehmen und das Gelee in heiße, sterilisierte Gläser füllen. Ein rundes Stück Backpapier auflegen, fest verschließen und an einem kühlen, dunklen Ort lagern. Das Gelee sollte sich ein Jahr lang halten. Ein herzhafteres Gelee entsteht, wenn man Kräuter wie Salbei und Rosmarin zugibt. Dieses Rezept für Wildapfelgelee lässt sich auch als Basis für ein Heckengelee aus Hagebutten, Weißdornbeeren, Schlehen, Haferpflaumen, Vogelbeeren, Holunderbeeren oder Brombeeren verwenden – in jeder Zusammensetzung, die sich beim Sammeln ergibt, solange die Mischung mindestens fünfzig Prozent pektinreiche Wildäpfel enthält.

13. NOVEMBER: Der entblätternde Novemberwind hat ein Amselnest in einem Weißdornbusch freigelegt. Das Nest hängt dort wie eine Anklage; sein Inneres ist voller mäusezerfressener Weißdornbeeren und toter, längst skelettierter Blätter. Lebendiges Moos, glänzend und grün, hat seine vergnügungssüchtige Herrschaft angetreten – ebenso prächtig wie reizlos. (Wir Briten mögen kein Moos.)

Wie konnte ich das Nest letztes Jahr übersehen, als es voll und fruchtbar war, mit Eiern und Jungen?

14. NOVEMBER: Ein Schwarm Dohlen, neunzig Vögel oder mehr. Nur Eichenblätter sind noch zu sehen, die Lärche ist goldgelb.

Während ich in meinem Stuhl sitze, kaut eine gesellige Waldmaus neben mir an einer Eichel. Wenn sie nichts zu nagen hätte, würden ihre Zähne zu Hauern heranwachsen, und sie könnte nicht mehr fressen.

Für Menschen sind Eicheln, die voller Tannine stecken, roh nicht essbar, allerdings wurden sie in Notzeiten, wie in Deutschland während des Zweiten Weltkriegs, geröstet und gemahlen als Ersatzkaffee verwendet.

Eichelkaffee

Die Eicheln aus ihren Bechern lösen, in einen Topf mit
kochendem Wasser geben und für 10 Minuten brodeln lassen,
damit ihre Schalen weich werden. Abgießen, abkühlen
lassen und schälen. Ein bis zwei Tage lang trocknen lassen.
Ideal ist ein Fensterbrett oder ein warmes Regalfach. Dann
auf der mittleren Schiene des Backofens bei 120 °C etwa 15
Minuten lang rösten. Mahlen. Den Eichelkaffee wie gemah-
lenen Bohnenkaffee im Kaffeebereiter oder Kaffeefilter
verwenden, zwei Teelöffel pro Tasse. Der Eichelkaffee lässt
sich in luftdichten Gläsern oder Dosen aufbewahren.

Eichelkaffee schmeckt überhaupt nicht wie Kaffee. Allerdings ist er
zweifellos ein angenehmes Getränk, ein wenig wie der Getreide-
kaffee, den es in Bioläden gibt.

Eicheln scheinen in Notzeiten am höchsten geschätzt zu werden. Im zweiten Jahrhundert nach Christus berichtete der römische
Arzt Galen, dass die arme Landbevölkerung Mehl aus Eicheln her-
stelle. Auch dafür müssen sie zuerst gekocht und dann geschält werden. Dann weicht man die Eicheln in einem Stoffbeutel zwei Wochen oder länger in Wasser ein und achtet dabei darauf, zweimal
wöchentlich das Wasser zu wechseln. An einer sonnigen Stelle (im
Haus, außer Reichweite von Vögeln) oder im lauwarmen Ofen trocknen lassen. Erst wenn die Eicheln durch und durch trocken sind,
mahlen und das Mehl in einer Papiertüte lagern. Wie Kastanien-
mehl hält es sich im Schrank nicht lang, bevor es anfängt zu schim-
meln.

Normalerweise produzieren Eichen keine Früchte (denn das
sind Eicheln, botanisch gesehen), bevor sie vierzig Jahre alt sind,
und oft tun sie es nur jedes zweite Jahr.

15. NOVEMBER: Die Dämmerung sickert schon wie Schlamm durch die Bäume, als ich mich aufmache, um die Hirsche zu suchen. Hinauf in den Wald, vorbei an den Erlen, den Buchen, bis zum Fichtenhain. Hier macht ein Jahrhundert angesammelter Fichtennadeln den Boden federnd und nachgiebig. Still.

Wind, seit dem Ural unverdünnt, fädelt sich durch Cockshutt, obwohl ich ihn heute Abend als diebischen Komplizen willkommen heiße; er stiehlt mir meinen Geruch. Draußen zwischen den Wintertürmen der Eichen steht das Damwild, fünf Tiere, so hungrig, dass sie die eiserne Ration aus Brombeerblättern fressen. Ich komme bis auf fünfzig Meter an sie heran. Vierzig Meter. Dreißig, dann sie sind weg.

16. NOVEMBER: Sintflutartiger Regen; Blätter am Boden, flachgedrückt. Gemustertes Linoleum.

Zeit und Licht verlöschen. Ich folge der schwachen Tintenspur des Pfades, der sich zwischen den matten Hindernissen der Buchen, Esskastanien und Hainbuchen hindurchwindet. Ein einzelner Zweig, versteckt unter dem nassen PVC-Boden der Blätter, bricht; der Kanonendonner im riesigen leeren Gewölbe des Waldes lässt die Tauben klatschend durch die Baumkronen fliehen.

Die Bäume sind nackt. Der Sturm hat die letzten Blättchen abgerissen. Ich kann mich nicht erinnern, dass es in den letzten zwanzig Jahren schon einmal eine so gewalttätige Entblätterung gab. (Es war ein nordischer, ein Wikingersturm.) Innerhalb eines Tages hat sich der Wald bis zur Unkenntlichkeit verwandelt.

Ich gehe jetzt schneller. Leichter Trab. Zu meiner Linken erspähe ich zwischen den vorbeigleitenden Stämmen eine Schmierspur der ersterbenden Sonne.

Je stärker die Blindheit, desto feiner der Geruchssinn. Ah, das volle herbstliche Bistro-Bukett, der süße Duft der Fäulnis, steigt belebend in die Nase: zerfallende Blätter, verwesende Pilze, verrottende Erde.

Ich umgehe gerade die Schlucht, als eine Waldschnepfe unter meinem Fuß herausbricht. Eine Sprengfalle in Vogelgestalt. In der Stille gebe ich einen unmännlichen Schrei von mir. Zum Glück gibt es in einem Wald am hintersten Ende von Herefordshire niemanden, der mich kreischen hört. Es sei denn, die Judasohren am Holunder haben mich gehört und übersetzen es für die Bäume. Hat der Holunder ein Gehör?

Leise jetzt, leise. Richard Jefferies, der Autor von *The Amateur Poacher* (»Der Amateur-Wilderer«), liefert einen Fortgeschrittenenkurs im leisen Auftreten: »Um geräuschlos zu gehen, muss man mit dem Fuß fühlen, bevor man das Gewicht darauf verlagert; so entdeckt man den toten Ast oder umgefallenen Schierling und kann ihm ausweichen. Ein toter Ast knackt; trockene hohle Schierlingsstängel geben beim Zertreten ein splitterndes Geräusch von sich.«

Ich kann die Bewegungen der Kühe hören; das Knacken von Zweigen unter ihren Hufen, das langsame Trommeln der Tritte großer Tiere.

Das sind sie, drüben zwischen den Eichentürmen, vier Kühe, prähistorische Gestalten, die hinauftrotten zum oberen Teil des Waldes. Rinder kommen aus alten Zeiten, und der Tod unter Bäumen ist ihnen nicht fremd.

Und ich bin der Killer im Wald. Die kleinen Tricks: Jacke und Kragen schließen, um das Gesicht zu tarnen; gebückt gehen, um weniger wie ein Mensch auszusehen; vom Boden bis zu den Baumwipfeln alles im Blick behalten. Ein paar flache, ausgleichende Atemzüge … Ich löse die Sicherung der Flinte und schlüpfe in den Lärmschatten der Kühe.

Sie schieben sich unter dem ausgestreckten, auffallenden Ballerina-Arm einer Eiche herum, auf dem die Silhouette eines Fasanenmännchens ruht …

Der Knallblitz der Flinte reißt den Wald entzwei. Die Kühe trompeten Warnrufe. Der Waldkauz schreit auf.

Der Fasan stürzt mit dem Kopf voran, sein Schwanz fließt hinterher. Eine schwarzer Komet, der zur Erde fällt.

Im Pokerspiel von Leben und Tod machen wir alle unsere verräterischen Fehler. Der Fasan schläft seit einem Monat auf dem selben Ast und lässt jede Nacht seinen weißen Guano zu Boden fallen.

Als ich den Fasan aufhebe, öffnet sich eine Lücke in den Wolken. Der Polarstern leuchtet strahlend, strahlender als sonst.

Dies ist ein Survival-Trainingscamp für Erwachsene. Warum auch nicht? Ich kümmere mich für die Wildtiere um den Wald; sollten die Wildtiere mir nicht im Gegenzug eine Mahlzeit liefern?

17. NOVEMBER: Der Wind frischt auf; die dicht gepflanzten Lärchen reiben und rasseln gegeneinander. Sturm im November, das ist eine Gewissheit wie Regenschauer im April.

Der Herbstwald: Seine Lebenskraft ist fort, und an den Bäumen erleben wir unseren eigenen Alterungsprozess.

18. NOVEMBER: Weil es in diesem Wald keine Häher gibt, die Eichelgärtner der Natur, übernehme ich das Pflanzen. Ich, der Lehrling, verbringe den Nachmittag damit, die Erde mit einem Spaten zu spalten und Eicheln hineinzustecken, hier und dort und überall. Zaunkönige singen den ganzen Tag lang aus dem Unterholz.

Von irgendwo jenseits des Hügels rollt das Krächzen einer Saatkrähe über das durchweichte Land. Saatkrähen sind ebenfalls Lehrlinge im Pflanzen von Eicheln. Sie sammeln und vergraben sie bis zu einem Kilometer vom Mutterbaum entfernt.

19. NOVEMBER: Der Schwerste beim Beobachten der Natur ist es, im Hier und Jetzt zu sein. Nicht an etwas anderes zu denken wie ich gerade. (Trotzdem bemerke ich, dass die Eichen und Haselsträucher immer noch Blätter tragen und die Esche schon Knospen bildet.)

Denn wir ziehen um, auf die andere, östliche Seite von Herefordshire, Richtung Ledbury. Nur dreißig Kilometer, aber für uns ist es eine große Sache nach zwanzig Jahren Bergbauernleben an der wilden Westgrenze Englands. Ein neues Leben lockt, der Hopfenanbau; es ist gleichzeitig ein altes Leben, das ich aus meiner Kindheit kenne …

Ich bin sehr stolz auf meinen verstorbenen Vater, der im Alter von siebzehn Jahren der Royal Navy beitrat, um für sein Land zu kämpfen, und mich mehrere Jahre meiner Kindheit lang allein erzog.

Beim Packen finde ich seine Rentenversicherungspolice von Hearts of Oak.

Mehr als ein Jahrhundert lang fungierte Hearts of Oak, gegründet 1842 in einem Pub namens *Bird in Hand* im Londoner Stadtbezirk Covent Garden, als Pensionskasse. Es ist schwer, sich eine passendere Rentenversicherung für einen alten Seebären vorzustellen.

In einem Wald

[…]
Herzstill und geisteslahm,
Städtisch gepresst,
An diesen Wald ich kam
Wie an ein Nest;
Hoffend, dass friedlich' Wald
Gibt den Geplagten Halt –

Natur Erlösung bald
Von Menschenpest.

Aber im Waldesreich
Gewächse, groß und klein,
Zeigen sich menschengleich –
Jeder ein Feind!
Ahorn an Eiche drückt,
Ranke den Trieb erstickt,
Efeu hinauf vorrückt
In Ulmenhain.

[...]

Da ich nichts Gutes fand
Von Bäumen gelehrt,
Den Meinen ich mich zuwandt',
Sie sind gleich viel wert.
Wo mir ein Lächeln singt,
Wo ein Gespräch erklingt,
Wo manchmal fürs Leben winkt
Loyalität.

Thomas Hardy

22. NOVEMBER: Sie kamen in der Nacht. Ich habe sie gehört. *Tschacka-tschacka-tschacka.* Ich hatte auf sie gewartet. An einem frühen Morgen von blinzelnder Diamanthelle gehe ich in den Wald, um sie zu sehen. Der Boden ist inzwischen weiß und eisengrau, deshalb sitzen sie oben im Weißdorn, plündernd und raubend.

Wacholderdrosseln. Mehr als dreißig.

Die grauen Vögel signalisieren die Ankunft des Winters so sicher wie ein fallendes Thermometer.

Der Winter folgt in ihrem Windschatten, wenn sie aus dem Norden herbeifliegen. In seinem »Parlament der Vögel« nannte Geoffrey Chaucer sie »frost'ge Ziemer«, weil ihre Ankunft so genau mit dem ersten Frost zusammenfällt. (Manche ältere Leute hier in der Gegend nennen die Wacholderdrossel immer noch »*snowbird*«.) Man sagt, Timing sei alles, und die Natur ist eine Meisterin der Synchronisierung; die Weißdornbeeren im Wald sind lippenstiftrot reif und liefern sich in schamlosen Küssen den Vögeln aus.

Aufgrund eines Mysteriums, das ich nicht ergründen kann, haben die Wacholderdrosseln ihre Reise nach Süden auf die Verfügbarkeit von Beeren an den Büschen eines kleinen Bauernhofs im Hügelland von Herefordshire abgestimmt – einer Grafschaft, die den meisten Menschen unbekannt ist, von Vögeln ganz zu schweigen. Vielleicht soll ich das aber auch gar nicht verstehen; vielleicht soll ich nur staunen. Der Dichter Thomas Traherne, der im 17. Jahrhundert in Herefordshire lebte, glaubte, der Mensch habe seinen Zustand der Unschuld verloren, weil er sich von der Natur ab- und dem Intellekt zugewandt habe. An Tagen wie heute, wenn ich Vögel betrachte, die zielsicher zweitausend Kilometer hinter sich haben, kann ich Trahernes *Meditationen* nur zustimmen.

Im Kitzel des Winters fühlt man die furchtbare, wunderbare Widersprüchlichkeit der Natur am besten. Schönheit und Barbarei gehen immer Hand in Hand. Beere und Dorn. Der Canalettoblaue Himmel, der scharfe Frost. Yin und Yang.

Im Blick der Wacholderdrosseln liegt keine Angst. Sie sind große Vögel mit einer Schwarmmentalität; der örtliche Sperber, angelockt vom Tumult der frühstückenden Drosseln, gleitet in einer flachen Kreisbahn um den Wald. Er sieht aus wie eine kurvende Klinge aus Bosheit. Die Wacholderdrosseln lassen ein Maschinengewehrfeuer von *Tschacka-tschacka-tschacka* losbrechen. Der Sperber ist nicht dumm; er dreht ab zu leichterer Beute, hügelabwärts über die Schafweiden, dorthin, wo der Nebel in einem perlweißen Meer liegt.

Innerhalb von zwei Stunden haben sich die Wacholderdrosseln sattgeplündert. Ruhelos wie immer, erheben sie sich plötzlich in die Lüfte und sind fort. Ihr angelsächsischer Name *felde fare* bedeutet »Reisender über Feldern«. Auch ich muss mich auf die Reise machen, auf meine Runde über den Bauernhof.

Abends um sechs umklammert Eis die Welt, es dunkelt rasch und ich hacke immer noch Holz für den Ofen, damit wir Wärme in der Kälte haben.

Unten im Tal kläfft ein Fuchs vor sich hin, Reinekes Version des Internet-Chats. Im ersterbenden Jahr beginnen die Füchse den Kreislauf ihres Lebens. Dann, als ich neben dem Gattertor Holzscheite aufstaple, schießt der Fuchs von Cockshutt an mir vorbei und stürzt sich mit Katzenbuckel auf ein Kaninchen; es kreischt in die Nacht. Hochmütig in seinem Flammenpelz, wirft er mir einen verächtlichen Seitenblick zu und trabt davon in die Dunkelheit.

Das Kaninchen wimmert immer noch zwischen seinen Kiefern. Plötzlich ist diese abgelegene Welt ziemlich kalt. Unter dem sternenhellen Himmel kommen neue Wacholderdrosseln an.

24. NOVEMBER: Tief im Wald, jenseits der schimmernden Stämme der Buchen, ist der Boden trocken. Ein Knacken brechender Zweige unter den Gummistiefeln – ich bin ein Vandale in dieser stillen Nacht, trotz meiner Bemühungen um katzenhaftes Schleichen.

Ich fädele mich durch die Bäume, hinein und hinaus, in den Schatten und wieder nach draußen ins grelle Mondlicht. Schwarz und Weiß. Vor mir das Schwanzblitzen eines rennenden Kaninchens.

Die Waldschnepfen schwirren weg; sie kurven erst nach links, dann nach rechts durch die mondbeschienenen Buchen, dank eines Fluginstinkts, der über Jahrhunderte dafür perfektioniert wurde, Falken und Menschen mit Gewehren zu entkommen.

Auf ihrer Flucht machen die Waldschnepfen ein Geräusch wie zerreißendes Papier.

Im kahlen Licht des Mondes zupfe ich eine Reihe Judasohren vom Holunder und stopfe sie in die Brusttaschen meines Overalls. Morgen werden sie zum Frühstück gebraten, mit Ei.

Der Holunder gibt mir einen Judaskuss; ich vergesse mich zu ducken, und ein Zweig peitscht mir ins Gesicht.

Fettiges Mondlicht schimmert auf dem Teich.

29. NOVEMBER: Bei Tagesanbruch reihen sich Bäume am Horizont auf wie Lungen auf einem Regalbrett mit medizinischen Präparaten.

Der Teich ist gefroren. Der Frost ruft die letzten unschlüssigen Blätter herunter.

Ich mache meinen letzten Spaziergang durch den Wald. Die Schlucht ist, wie immer, einen Grad kälter als der Rest von Cockshutt.

Ich berühre die Eichen, boxe den riesigen Mammutbaum freundschaftlich, werfe dem Teichhuhn einen Kuss zu …

Mein Pachtvertrag für den Wald ist zu Ende. Vielleicht sehe ich ihn nie wieder. Wie werden die Bäume, die Vögel, der Fuchs, die Schmetterlinge ohne mich zurechtkommen? Ich habe das alles so liebevoll vermerkt, Tag für Tag. Jeden Baum, jedes Buschwindröschen, Eulenküken, Fuchsjunge, jeden Käfer, jeden Pilz, jede Beere. Es ist nicht leicht, Lebewohl zu sagen.

Ich dachte, die Bäume und Vögel würden mir gehören.

Aber jetzt erkenne ich, dass ich ihnen gehörte.

ANHANG

Waldlektüre: eine Literaturliste

H. E. Bates, *Through the Woods*, 1936, Neuauflage 2010.

BB (Denys Watkins-Pitchford), *Brendon Chase*, 1944, Neuauflage 2000 (dt. *Im Schatten der Eule*, 1982).

John Stewart Collis, *The Wood*, 1947, Neuauflage 2009.

Roger Deakin, *Wildwood: A Journey Through Trees*, 2007 (dt. *Wilde Wälder*, 2018).

John Evelyn, *Sylva, or A Discourse of Forest-Trees and the Propagation of Timber*, 1662, Neuausgabe 2014.

Richard Fortey, *The Wood for the Trees: The Long View of Nature from a Small Wood*, 2016.

Geoffrey Grigson, *The Englishman's Flora*, 1975, Neuauflage 1996.

Nick Groom, *The Seasons: An Elegy for the Passing of the Year*, 2013.

Thomas Hardy, *The Woodlanders*, 1887 (dt. *Die Woodlanders*, 1992).

W. H. Hudson, *Hampshire Days*, 1903, Neuauflage 2016.

Thomas Pakenham, *Meetings with Remarkable Trees*, 1996.

Oliver Rackham, *The History of the Countryside*, 1986, illustrierte Neuausgabe 2003.

Jeffrey Radley, »Holly as a Winter Feed«, in: *The Agricultural History Review*, Bd. 9, Nr. 2, 1961.

Eric Simms, *Woodland Birds*, 1971.

Martin Spray, »Holly as a Fodder in England«, in: *The Agricultural History Review*, Bd. 29, Nr. 2, 1981.

David Streeter und Rosamond Richardson-Gerson, *Discovering Hedgerows*, 1982.

Edward Thomas, »The Maiden's Wood«, in: *Rest and Unrest*, 1910

—, *The Woodland Life*, 1897.

Mike Toms, *Owls*, 2014.

Colin Tudge, *The Secret Life of Trees*, illustrierte Ausgabe 2005.

Waldmusik: eine Playlist

Arnold Bax, »November Woods«, 1917

The Beatles, »Norwegian Wood«, 1965

William Boyce und David Garrick, »Heart of Oak«, 1760

George Butterworth, *The Banks of Green Willow*, 1913

—, »Loveliest of Trees«, aus: *A Shropshire Lad*, 1911

Pablo Casals, »El Cant dels Ocells« (»Der Gesang der Vögel«), 1961

Antonín Dvořák, *Waldesruhe* für Violoncello und Orchester op. 68, Nr. 5, 1894

Editors, »I Want a Forest«, 2009

Edward Elgar, Streichquartett e-Moll op. 83, 1919

—, Cellokonzert e-Moll op. 85, 1919

—, Klavierquintett a-Moll op. 84, 1918

—, »Eulen (Ein Epitaph)« op. 53, 1907

Foals, »Birch Tree«, 2015

Edvard Grieg, *Lyrische Stücke* op. 43, Nr. 4, »Vögelein«, 1886

Keane, »Somewhere Only We Know«, 2004

Lindisfarne, *Dingly Dell*, 1972

Franz Liszt, *Legende* S. 175 Nr. 1, »Der heilige Franz von Assisi (Die Vogelpredigt)«, vor 1863

Monty Python, »The Lumberjack Song«, 1975

Van Morrison, »Redwood Tree«, 1972

Wolfgang Amadeus Mozart, »Der Vogelfänger bin ich ja«, aus: *Die Zauberflöte*, 1791

Oasis, »Songbird«, 2002

George Perlman, »A Birdling Sings«, aus: *Ghetto Sketches*, 1931

Pink Floyd, »Careful with That Axe, Eugene«, 1969

Pulp, »The Trees«, 2001

Radiohead, *The King of Limbs*, 2011

Camille Saint-Saëns, »Der Kuckuck in der Tiefe des Waldes«, aus: *Karneval der Tiere*, 1886

Robert Schumann, »Jäger auf der Lauer«, aus: *Waldszenen* op. 82, Nr. 2, 1850–1851

—, »Freundliche Landschaft«, aus: *Waldszenen* op. 82, Nr. 5, 1850–51

Jean Sibelius, »Die Espe«, Nr. 3, »Die Birke«, Nr. 4, »Die Fichte«, Nr. 5, aus: Fünf Klavierstücke op. 75 (*Die Bäume*), 1914–1919

Igor Strawinsky, »Wiegenlied«, aus: *Der Feuervogel*, 1910

Trad., »The Trees They Do Grow High«

—, »The Willow Tree«

The Verve, »Sonnet«, aus: *Urban Hymns*, 1997

Paul Weller, »Wild Wood«, 1993

Quellen

S. 5: Edward Thomas, Brief an Gordon Bottanley vom 17.3.1904.*

S. 32: Robert Frost, »Stopping by Woods on a Snowy Evening«, aus dem Englischen von Georg von der Vring, in: ders., *Gesammelte Gedichte*, Mannheim: Kessler Verlag 1952, S. 273.

S. 40: William Shakespeare, *König Lear*, deutsch von Wolf Graf Baudissin, Leipzig: Hesse & Becker Verlag, o. J., 3. Akt, 4. Szene.

S. 41: John Dryden, *King Arthur*, 3. Akt, 11. Szene, hrsg. und übersetzt von Klaus Miehling, Berlin: epubli 2010, S. 32.

S. 43: Edward Thomas, »Lights Out«.*

S. 46: Heinrich VIII., »Grene Growth the Holy«.*

S. 47: Robert Herrick, »Ceremonies for Christmasse«, in: ders., *Complete Poems*, Band II, London: Chatto and Windus 1876, S. 270.*

S. 48, 62, 64, 120: John Evelyn, *Sylva: Or a Discourse of Forest-Trees*, London: Martyn 1664.*

S. 50: Renatus Rapinus, zitiert nach John Evelyn, a. a. O., S. 30.

S. 56: Friedrich Nietzsche, *Also sprach Zarathustra* (= *Werke in drei Bänden*, Band II), München: Carl Hanser Verlag 1955, S. 472 f.

S. 68: Isaac Rosenberg, »Night and Day«.*

S. 96: Robert Frost, »A Winter Eden«, aus dem Englischen von Kurt Erich Meurer, in: ders., *Gesammelte Gedichte*, Mannheim: Kessler Verlag 1952, S. 310.

S. 105: Billy Reed, *Elgar as I Knew Him*, London: Victor Gollancz 1936.*

S. 110: John Clare, »The Shepherd's Tree«.*

S. 112: Edward Thomas, »The Other«.*

S. 114: Robert Browning, »Home-Thoughts, from Abroad«.*

S. 114: Alfred Lord Tennyson, »The Throstle«.*

S. 127: George Orwell, *Auftauchen, um Luft zu holen*, aus dem Englischen von Helmut M. Braem, Zürich: Diogenes 1973, S. 50 f. (Copyright der deutschsprachigen Ausgabe © 1981 Diogenes Verlag AG Zürich)

S. 129: A. E. Housman, *Die »Shropshire Lad«-Gedichte*, aus dem Englischen von Hans Wipperfürth, Heidelberg: Mattes Verlag 2003, Nr. II, S. 21.

S. 130: Edward Thomas, »The Owl/Die Eule«, in: *Hundert englische Gedichte*, hrsg. und übersetzt von Hans-Dieter Gelfert, München: dtv 2001, S. 183.

S. 132: Alfred Lord Tennyson, »Tithonus«.*

S. 143: William Shakespeare, *Ein Sommernachtstraum*, deutsch von A. W. von Schlegel, Leipzig: Hesse & Becker Verlag, o. J., 2. Akt, 2. Szene.

S. 149: O. V., »A pleasant Countrey Maying Song«, London: T. L., um 1629.*

S. 153: George Orwell, *1984*, übersetzt von Michael Walter, Berlin: Ullstein 2015, S. 153.

S. 153: George Orwell, »Warum ich schreibe«, in: ders., *Im Inneren des Wals. Erzählungen und Essays*, aus dem Englischen von Felix Gasbarra, Zürich: Diogenes 2003. (Copyright der deutschsprachigen Ausgabe © 1975 Diogenes Verlag AG Zürich)

S. 154: Emily Dickinson, Brief an Eugenia Hall von 1885.*

S. 156: A. E. Housman, *A Shropshire Lad*, Nr. XXXIX.*

S. 159: John Clare, »All Nature Has a Feeling«.*

S. 160: Thomas Hardy, *Am grünen Rand der Welt*, aus dem Englischen von Peter Marginter, München: dtv 2015.

S. 161: Walt Whitman, »Gesang von mir selbst«, in: *Walt Whitmans Werk*, ausgewählt, übertragen und eingeleitet von Hans Reisiger, Berlin: Deutsche Buchgemeinschaft, o. J., S. 131.

S. 180: Rudyard Kipling, »Ein Baumlied«, in: ders., *Puck vom Buchsberg*, aus dem Englischen von Ernst Hardt, Frankfurt: Fischer Taschenbuch Verlag 1987, S. 29 f.

S. 190: John Clare, »The Shepherd's Calendar«.*

S. 191: William Shakespeare, *Wie es euch gefällt*, deutsch von August Wilhelm Schlegel, Leipzig: Hesse & Becker Verlag, o. J., 2. Akt, 5. Szene.

S. 197: Edward Thomas, »Aspens«.*

S. 207: Vita Sackville-West, *Schloss Chevron*, aus dem Englischen von Käthe Rosenberg und Hans B. Wagenseil, Frankfurt: Fischer 2019, S. 44.

S. 210: David Jones, *In Parenthesis*, London: Faber & Faber 1937, S. 165.*

S. 223: John Clare, Brief an William Hone, April 1825, in: ders., *Cottage Tales*, Manchester: Carcanet 1993, S. 139 f.*

S. 226: Thomas Gray, »Elegy Written in a Country Churchyard«, in: *Hundert englische Gedichte*, hrsg. und übersetzt von Hans-Dieter Gelfert, München: dtv 2001, S. 71.

S. 226: William Wordsworth, »Lines Left upon a Seat in a Yew-Tree«, in: ders., *»I wandered lonely as a cloud«. Balladen, Sonette, Versepen*, übersetzt von Wolfgang Schlüter, Straelen: Straelener Manuskripte Verlag, 2. Aufl. 2014, S. 29 ff.

S. 238: Albert Camus, *Das Missverständnis*, 2. Akt, 1. Szene, deutsch von Hinrich Schmidt-Henkel, in: ders., *Sämtliche Dramen*, Reinbek: Rowohlt 2013.

S. 240: Thomas Hood, »Autumn«.*

S. 252: Edward Elgar, »Owls: An Epitaph«, aus: *Four Choral Songs op. 53*, deutsche Fassung von Wolfgang-Armin Rittmeier (Übersetzung © Wolfgang Armin Rittmeier, 2015).

S. 267: Thomas Hardy, »In a Wood«.*

S. 269: Geoffrey Chaucer, *Ausgewählte kleinere Dichtungen Chaucer's*, ins Deutsche übertragen von John Koch, Leipzig: Wilhelm Friedrich Verlag 1880, S. 25.

(Mit * gekennzeichnete Quellenangaben: deutsch von Sofia Blind.)

Dank

Sie halfen beim Verwurzeln und Verzweigen: Julian Alexander, Susanna Wadeson, Lizzy Goudsmit, Deborah Adams, Sophie Christopher, Ella Horne, Nick Hayes, Beci Kelly, Geraldine Ellison, Kate Samano, Josh Benn, Ben Clark, Paula Lester, Mark Hedges, Julian Beach, Freda Lewis-Stempel, Tris Lewis-Stempel, Elizabeth Mitchell, Tracy Pallant, Geoff and Sue Pallant, Leslie Smith, David Hill und das ganze Vertriebsteam von Transworld. Und natürlich, und am allermeisten, Penny Lewis-Stempel.

»Zu jeder Jahreszeit kann man in diesen Band eintauchen und immer etwas finden, das einen lächeln macht.«

SYLVIA STAUDE, FRANKFURTER RUNDSCHAU

288 Seiten / Auch als eBook

John Lewis-Stempel erzählt von einer Wiese, die zu seinem Hof gehört. Mit fesselnd genauer Beobachtungsgabe hält der Historiker fest, wie sie sich über das Jahr hinweg verändert und was darauf wächst.

www.dumont-buchverlag.de

»Ein spannendes Experiment. Und wie er das erzählt, das ist so amüsant, so ironisch, einfach heiter. Im besten Sinne britisch.«

JOHANNES KAISER, DEUTSCHLANDFUNK KULTUR

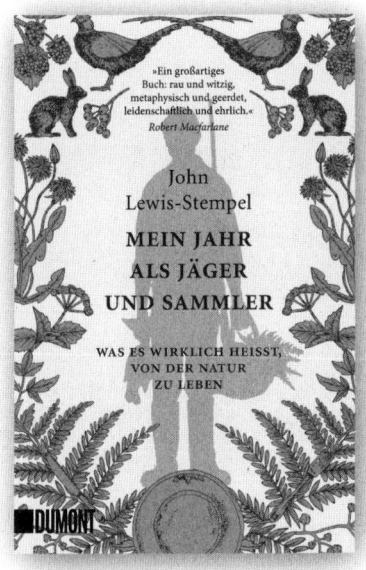

320 Seiten / Auch als eBook

Als John Lewis-Stempel mit seiner Familie nach Herefordshire zieht, ist er überwältigt von der Vielfalt der Flora und Fauna. Er beschließt, ein Jahr lang nur von dem zu leben, was ihm die Speisekammer der Natur bietet.